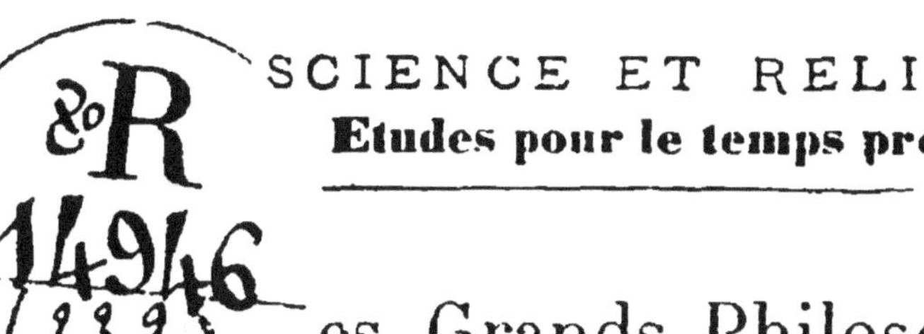

SCIENCE ET RELIGION
Etudes pour le temps présent

Les Grands Philosophes

J.-G. FICHTE

PAR

Eugène BEURLIER
Professeur agrégé de philosophie au lycée de Bourges

PARIS
LIBRAIRIE BLOUD & Cie
4, RUE MADAME ET RUE DE RENNES, 59
1905

SCIENCE ET RELIGION

Études pour le temps présent. — Prix 0 fr. 60 le vol.

1 **Certitudes scientifiques et Certitudes philosophiques,** par A. DE LA BARRE, prof. à l'Institut catholique de Paris... 1 vol.
2 **L'Ame de l'homme,** par J. GUIBERT, supérieur du Séminaire de l'Institut catholique de Paris........ 1 vol.
3 **Faut-il une religion ?** par M. l'abbé GUYOT, ancien professeur de Théologie........ 1 vol.
4 *Du même auteur :* **Pourquoi y a-t-il des hommes qui ne professent aucune religion ?**........ 1 vol.
5 **Nécessité scientifique de l'existence de Dieu,** par Pierre COURBET........ 1 vol.
6 *Du même auteur :* **Jésus-Christ est Dieu**........ 1 vol.
7 8 9 **Etudes sur la Pluralité des mondes habités et le dogme de l'Incarnation,** par le R. P. ORTOLAN, membre de l'Académie de Saint-Raymond de Pennafort et de la Société astronomique de France........ 3 vol.
I. — *L'Epanouissement de la vie organique à travers les Plaines de l'infini*........ 1 vol.
II. — *Soleils et Terres célestes*........ 1 vol.
III. — *Les Humanités astrales et l'Incarnation*........ 1 vol.
Chaque volume se vend séparément.
10 **L'Au-delà ou la Vie future d'après la Foi et la Science,** par M. l'abbé J. LAXENAIRE, de l'Académie de Saint-Thomas d'Aquin, professeur de Théologie........ 1 vol.
11 **Le Mystère de l'Eucharistie. — Aperçu scientifique,** par M. l'abbé CONSTANT, docteur en Théologie........ 1 vol.
12 **L'Eglise catholique et les Protestants,** par G. ROMAIN. 1 vol.
13 **Mahomet et son œuvre,** par I.-L. GONDAL, supérieur du grand séminaire de Toulouse........ 1 vol.
14 15 **Christianisme et Bouddhisme,** par M. l'abbé THOMAS, vicaire général de Verdun........ 2 vol. Prix : 1 fr. 20
16 **Où en est l'Hypnotisme,** son histoire, sa nature et ses dangers, par A. JEANNIARD DU DOT........ 1 vol.
17 *Du même auteur :* **Où en est le Spiritisme,** sa nature et ses dangers........ 1 vol.
18 **L'Apologétique historique au XIXe siècle. — La critique irréligieuse de Renan.** (*Les précurseurs. — La Vie de Jésus. — Les adversaires. — Les résultats*), par l'abbé Ch. DENIS. 1 vol.
19 **Nature et Histoire de la liberté de conscience,** par le chanoine CANET, docteur en philosophie et ès lettres de l'Université de Louvain........ 1 vol.
20 **L'Animal raisonnable et l'Animal tout court,** *Etude de Psychologie comparée,* par C. DE KIRWAN........ 1 vol.
21 **La Conception catholique de l'Enfer,** par L. BRÉMOND, docteur en Théologie........ 1 vol.
22 **L'Eglise russe,** par I.-L. GONDAL........ 1 vol.
23 **La Fausse Science contemporaine et les Mystères d'Outre-tombe,** par le R. P. ORTOLAN........ 1 vol.
24 *Du même auteur :* **Vie et Matière ou Matérialisme et Spiritualisme en présence de la Cristallogénie**........ 1 vol.
25 *Du même auteur :* **Matérialistes et Musiciens**........ 1 vol.
26 **Le Mal,** sa nature, son origine, sa réparation. *Aperçu philosophique et religieux,* par M. l'abbé CONSTANT........ 1 vol.
27 **Dieu auteur de la vie,** par M. l'abbé THOMAS, vicaire général de Verdun........ 1 vol.
28 *Du même auteur :* **La Fin du monde d'après la Foi.** 1 vol.

29 **L'Attitude du catholique devant la science,** par G. FONSEGRIVE .... 1 vol.

30 *Du même auteur :* **Le Catholicisme et la Religion de l'Esprit** .... 1 vol.

31 **Du Doute à la Foi,** le besoin les raisons, les moyens, le devoir, la possibilité de croire, par le R. P. TOURNEBIZE, S. J., avec lettre-préface de M. F. COPPÉE, de l'Académie française ...... 1 vol.

32 **La Synagogue moderne,** sa doctrine et son culte, par A.-F. SAUBIN .... 1 vol.

33 **Evolution régulière et Immutabilité de la doctrine religieuse dans l'Église,** par M. PRUNIER, supér. du grand séminaire de Séez .... 1 vol.

34 **La Religion spirite,** son dogme, sa morale et ses pratiques, par I. BERTRAND .... 1 vol.

35 **L'Hypnotisme franc et l'Hypnotisme vrai,** par le Docteur HÉLOT .... 1 vol.

36 **Convenance scientifique de l'Incarnation,** par Pierre COURBET .... 1 vol.

37 **L'Eglise et le Travail manuel,** par M. l'abbé SABATIER, du clergé de Paris .... 1 vol.

38 **L'Inquisition,** son rôle religieux, politique et social, par G. ROMAIN .... 1 vol.

39 **L'Hypnotisme et la Science catholique,** par A. JEANNIARD DU DOT .... 1 vol.

40 **Unité de l'espèce humaine,** *prouvée par la similarité des conceptions et des créations de l'homme,* par le marquis DE NADAILLAC .... 1 vol.

41 **Le Socialisme contemporain et la Propriété.** — *Aperçu historique,* par M. Gabriel ARDANT .... 1 vol.

42 **Pourquoi le Roman immoral est-il à la mode et pourquoi le Roman moral n'est-il pas à la mode ?** *Etude sociale et littéraire,* par G. D'AZAMBUJA .... 1 vol.

43 **Opinions du jour sur les peines d'Outre-tombe.** *Feu métaphorique. — Universalisme. — Conditionnalisme. — Mitigations* par le R. P. TOURNEBIZE, S. J. .... 1 vol.

44 **LeTalmud et la Synagogue moderne,** par A. F. SAUBIN. 1 vol.

45 **L'Occultisme ancien et moderne.** — *Les mystères religieux de l'antiquité païenne. — La Kabbale maçonnique. — Magie et Magiciens fin de siècle,* par I. BERTRAND .... 1 vol.

46 47 *L'Evolution est-elle une loi générale de la vie ?* **L'Homme et le Singe,** par le marquis DE NADAILLAC. 2 vol. Prix : 1 fr. 20

48 *L'Ordre de la nature et le Miracle.* **Faits surnaturels et Forces naturelles, chimiques, psychiques, physiques,** par le R. P. DE LA BARRE, S. J. .... 1 vol.

49 **Comment se sont formés les Evangiles.** *La Question synoptique. — L'Evangile de saint Jean,* par le P. Th. CALMES, professeur au grand séminaire de Rouen .... 1 vol.

50 **L'Hypnotisme transcendant en face de la philosophie chrétienne,** par A. JEANNIARD DU DOT .... 1 vol.

51 **L'Impôt et les Théologiens.** *Etude philosophique, morale et économique,* par le comte DOMET DE VORGES .... 1 vol.

52 **Nécessité mathématique de l'existence de Dieu.** *Explications. — Opinions. — Démonstration,* par René de CLÉRÉ. 1 vol.

53 **Saint Thomas et la Question juive,** par Simon DEPLOIGE, professeur à l'Université catholique de Louvain .... 1 vol.

54 **Premiers principes de Sociologie catholique,** par l'abbé NAUDET, professeur au Collège libre des sciences sociales. 1 vol.

55-56 **Le Déluge de Noé et les races Prédiluviennes,** par C. de KIRWAN .... 2 vol. Prix : 1 fr. 20

Collection

« LA PENSÉE CHRÉTIENNE »

TEXTES ET ÉTUDES

Volumes grand in-16 à prix variés.

La nouvelle collection que nous entreprenons sous le titre *La Pensée chrétienne* a pour but de mettre à la portée du plus grand nombre possible de lecteurs les parties les plus essentielles de l'Ecriture sainte, les principaux monuments de la Tradition et les œuvres particulièrement importantes des auteurs chrétiens.

Le plan de cette collection comporte une traduction partielle de l'Ancien Testament, une traduction intégrale du Nouveau, enfin des Extraits abondants, en langue française, des Pères de l'Eglise, des Grands Scolastiques et des Maîtres de la pensée chrétienne moderne.

Cette importante publication, facilitant le recours aux textes — qui s'y trouveront présentés sous une forme facilement accessible à tous — est destinée, dans l'esprit de ses fondateurs, à promouvoir l'étude positive du Christianisme spéculatif.

Pour atteindre ce résultat, il a paru que le mieux serait de publier, non des *études* ou *monographies* qui, si objectives soient-elles, montrent toujours œuvres et hommes à travers le prisme d'un cerveau étranger, mais des EXTRAITS copieux. Ces EXTRAITS, traduits et annotés, reliés entre eux par de brèves analyses, précédés, sauf exception justifiée, d'introductions biographiques et bibliographiques, permettront au lecteur d'entendre chacun développer lui-même la synthèse intégrale ou les théories particulières que lui a inspirées sa foi. Cet exposé purement descriptif, où se trouveront étalées, dans leur variété infinie, les splendeurs de la théologie et de la philosophie chrétiennes, suffira, on l'espère, à ruiner le vieux préjugé qui veut que le Christianisme, imposant uniformément à tous les croyants un dogme immuable, opprime les individualités et détruise leur légitime autonomie.

En résumé, la collection *La Pensée chrétienne* (*sur laquelle nous appelons la bienveillante attention* des centaines de mille lecteurs et amis de *SCIENCE ET RELIGION*) formera dans son ensemble, avec ses quatre groupes : **biblique, patristique, scolastique, moderne,** le tableau le plus complet et le plus suggestif de *l'évolution dogmatique* et, plus généralement, de *la vie intellectuelle dans le christianisme à travers les âges*.

DEMANDER LE CATALOGUE DE « *La Pensée chrétienne* »

SCIENCE ET RELIGION
Etudes pour le temps présent

Les Grands Philosophes

J.-G. FICHTE

PAR

Eugène BEURLIER
Professeur agrégé de philosophie au lycée de Bourges

PARIS
LIBRAIRIE BLOUD & Cie
4, RUE MADAME ET RUE DE RENNES, 59
1905

DANS LA MÊME COLLECTION

Kant, par E. Beurlier, professeur agrégé de philosophie, *3e édition* . . . . 1 vol.
Du même auteur : **Hegel** (*en préparation*) . . . . 1 vol.
H. Taine, par Michel Salomon, *2e édition* . . . . 1 vol.
Auguste Comte, par Michel Salomon, *2e édition*. . 1 vol.
Herbert Spencer, par E. Thouverez, professeur à la Faculté des lettres de Toulouse . . . . 1 vol.
Du même auteur : **Stuart Mill** (*en préparation*) . . 1 vol.

J.-G. FICHTE

PRÉFACE

S'il faut en croire Kant, son inventeur, la philosophie critique — dont l'idée mère est celle de la subjectivité des formes ou lois de nos puissances de connaître — est en droit de revendiquer un double mérite. D'abord ce qu'elle enseigne est vrai, ensuite elle est en mesure de donner satisfaction aux tendances essentielles de notre être.

En admettant que cette philosophie garantisse en effet la science des choses telles qu'elles nous apparaissent c'est-à-dire des phénomènes, qu'elle assigne à la loi morale l'unique fondement qui lui convienne, en la faisant reposer sur l'autonomie de notre libre volonté, qu'enfin elle autorise la foi rationnelle en l'immortalité de l'âme et en l'existence de Dieu, à titre de postulats du devoir, toujours est-il qu'elle nous refuse la connaissance de l'Absolu. Or, un besoin de la nature ne se laisse pas détruire en vertu d'un décret de philosophes. La critique ne pourrait-elle donc pas, à sa manière, nous fournir cette connaissance désirée ? Elle ruine la théori ede la chose en soi, de l'objet, ce qu'on appelle la métaphysique transcendante. Ne serait-elle pas capable d'instituer la théorie du sujet, la métaphysique immanente ? C'est cette métaphysique que Fichte a cru possible. La philosophie née de cette idée fait l'objet des modestes pages que nous offrons au lecteur.

VIE DE FICHTE

Lorsqu'il s'agit de Fichte, a dit l'un de ses plus pénétrants interprètes (1), rien n'est aussi vrai que cette maxime : « L'homme explique le philosophe ; l'un et l'autre sont absolument unis. » Commençons donc par étudier la vie du philosophe, en vue de nous faire une idée exacte de son caractère et d'embrasser d'une vue d'ensemble les diverses phases de son activité de penseur.

Johann Gottlieb Fichte naquit le 19 mai 1762 à Rammenau, village situé dans l'Oberlansitz. Il eut par la suite six frères et une sœur. Son père exerçait le métier de tisserand. Sa mère était la fille d'un marchand de toiles. C'était une femme violente, de volonté tenace et d'humeur acariâtre. Le philosophe tiendra d'elle une grande énergie, je ne sais quoi d'audacieux, de raide et de hautain, et un incontestable amour de la lutte qu'il ne cherchera point, mais ne fuira pas davantage. Lorsqu'il n'aidait pas au métier paternel, l'enfant allait garder les oies, ce qui ne l'empêcha pas, entre temps, d'apprendre à lire.

Les sermons du pasteur du village firent une profonde impression sur lui. Il leur prêtait une attention si soutenue que, doué d'une mémoire singulièrement fidèle, il était capable de les réciter intégralement. N'y avait-il pas là comme le pressentiment d'une vocation et l'annonce du futur orateur et philosophe qui devait exprimer avec

(1) E. Boutroux. Cours inédit sur Fichte, Sorbonne, 1885-86. Outre ces leçons, on a mis à profit l'ouvrage de Kuno Fischer : *J.-G. Fichte und seine Vorgänger*, *Heidelberg*, et celui de Mr X. Léon, *La Philosophie de Fichte*, Paris.

tant d'éloquence les idées morales et religieuses, principes de son système?

Ce goût pour les instructions faites au temple et cette facilité à les retenir allaient décider de l'avenir du petit villageois. Un gentilhomme du voisinage, le baron de Miltiz, étant arrivé trop tard un certain dimanche pour assister à l'office, exprimait son dépit d'avoir manqué le prêche. Le jeune Fichte lui fut indiqué comme pouvant lui répéter les paroles du prédicateur. L'épreuve réussit, et le baron résolut de se charger de l'éducation de l'enfant prodige. Il l'emmena à son château de Siebeneichen. Confié d'abord au pasteur Krebel, qui lui donna les premières notions à Niederau, Fichte fut ensuite placé à l'école de Meissen, 1770-1774, puis au collège de Pforta. De là, il alla à l'Université d'Iéna puis à celle de Leipzig étudier la théologie dans l'intention de se faire recevoir pasteur. A cette époque, après une lecture de l'Ethique de Spinoza, il professait le déterminisme. En 1787, une brouille survenue avec les héritiers du baron, son protecteur, le prive de la pension qui lui permettait de vivre. Il est obligé de demander des ressources à des répétitions, et se voit refuser une bourse d'examen qu'il avait sollicitée auprès du président du consistoire. Une place de précepteur chez l'hôtelier Ott, de Zurich, l'arrache au désespoir.

A Zurich, Fichte fait la connaissance de Lavater, et fréquente les salons du beau-frère de Klopstock, l'inspecteur des finances Rahm. Il distingue sa fille, lui plaît et se fiance à elle. Des dissentiments en matière pédagogique avec la femme de Ott le forcent à quitter sa maison. Il part de Zurich, va à Schaffouse, séjourne à Stuttgard, se rend à Leipsig où il projette de fonder un journal destiné à réformer le goût et les mœurs du public. Un étudiant de Zurich lui ayant demandé des leçons sur la philosophie de Kant, il se met à l'approfondir, et l'adopte avec enthousiasme; parce qu'elle lui procure la paix totale de l'esprit. Sous l'influence des doctrines qu'il vient d'adopter, il compose et publie ses aphorismes sur la *Religion et le Déisme* (1790).

Fichte, à la date à laquelle nous sommes parvenus, a

renoncé à la carrière de pasteur, et une brouille s'en est suivie entre lui et sa mère. La ruine du banquier Rahm le contraint de différer son mariage, et il entre en qualité de précepteur chez le comte Plater à Varsovie. Antipathique à la comtesse, il donne sa démission, mais réclame et finit par obtenir une indemnité. De Varsovie il se rend en pèlerinage à Kœnigsberg, où Kant, alors en plein succès, l'accueille froidement. Il compose la *Critique de toute révélation*, dans les idées du philosophe, lui soumet le manuscrit et est invité à dîner par lui. Comme réponse à une demande de lui emprunter de l'argent qu'il adresse à l'illustre professeur, il reçoit le conseil de publier son ouvrage. L'absence du libraire Hartung empêche cette publication, mais sur la recommandation de Kant, Borevski, pasteur de la cour, lui trouve une place de lecteur à Crocov, dans la maison du comte de Crocov. Cette fois, il plaît à la comtesse, qui exerce une grande influence sur lui. Grâce aux bons offices d'amis dévoués, la *Critique de toute révélation* paraît à Halle, mais sans nom d'auteur, par suite d'une inadvertance de l'imprimeur. Elle obtient un vif succès, et est attribuée à Kant, qui en désavoue la paternité. Fichte publie ensuite ses *Contributions pour redresser le jugement du public sur la Révolution française*, se marie et fait son voyage de noces.

Avec 1794 commence pour Fichte la vie de professeur d'Université, vie de succès, mais aussi de difficultés, de luttes et de déboires. On lui a offert la chaire de Reinhold à Iéna ; après avoir fait, en vue de s'y préparer, une série de leçons à Zurich, il inaugure son cours à Iéna, et ses premières leçons excitent l'enthousiasme. Il publie le compte rendu de l'*Enésidème* de Reinhold, l'*Idée de la théorie de la science*, les *Fondements de l'ensemble de la théorie de la science* (1794). Estimant que sa vocation est d'exercer une influence morale sur la jeunesse, il institue des conférences du dimanche, dans lesquelles il traite de la destination de l'homme et du savant. Il entreprend en outre de réagir contre les mœurs des étudiants, et de les amener à abolir leurs ordres, sociétés secrètes formées au mépris des lois. Malgré des précédents et ses propres précautions, des collègues jaloux provoquent de la part du consistoire l'accusation de chercher à supprimer le service divin. Le conseil académique donne gain de cause au conférencier, qui peut continuer ses prédications. Plus difficile à mener à bien fut l'affaire des ordres. Inhabile, faute de souplesse, aux négociations diplomatiques, Fichte devient suspect aux étudiants, qui l'accusent de complicité avec le gouvernement. Cependant le philosophe finit par réussir avec deux d'entre les ordres. Seuls, les affiliés de l'ordre des unitistes lui tinrent rigueur, lancèrent des pierres contre sa maison, menacèrent sa sécurité et le forcèrent à chercher un refuge à Omanstadt, où il écrit le *Résumé de ce qu'il y a de propre à la théorie de la science*, la première partie du *Droit naturel* et les deux *introductions à la Théorie de la science*. Il revient à Iéna pour l'hiver de 1795. L'affaire des ordres assoupie, un conflit beaucoup plus grave éclate. Directeur avec Niethamer du journal philosophique d'Iéna, Fichte laisse passer dans ce recueil un article de Forberg, où celui-ci soutient que la religion consiste uniquement en la bonne conduite et n'est pas une foi morale. Pour remplacer un commentaire critique que Forberg a refusé, Fichte publie un traité de sa façon sur le *Fondement de notre croyance à une providence divine*, et est accusé d'athéisme dans un écrit intitulé : « *Lettre d'un père à son fils, étudiant, sur l'athéisme de Fichte et de Forberg* », que son auteur, resté inconnu, a eu soin de signer de la lettre G, afin de le faire attribuer au célèbre théologien Glaber, qui le désavoue. Le grand duc de Saxe, Frédéric-Auguste, prononce la confiscation du journal et introduit à la cour de Weimar un réquisitoire demandant au Sénat académique de censurer les deux directeurs. Fichte répond à ces actes par un *Appel au public* et la *Justification juridique contre l'accusation d'athéisme*. Averti par la rumeur publique qu'un blâme le menace, il écrit une lettre destinée à être montrée, dans laquelle il déclare qu'il n'acceptera pas le blâme et donnera sa démission, puis le blâme ayant été lancé contre la publication de l'article et non contre la théorie religieuse soutenue par Fichte, celui-ci le repousse, mais juge à propos de retirer sa démission. La cour maintient sa décision, et, malgré l'intervention des étudiants, le philosophe est obligé de quitter Iéna.

Repoussé de divers Etats comme personnage dangereux, Fichte se retire à Berlin. Là il écrit à Schelling plusieurs lettres sur les rapports de sa philosophie avec celle de Kant, sur divers projets (Institut critique, Journal critique, Revue critique des Revues), sur le projet de Reinhold d'un journal anticritique; il fait paraître la *Destination de l'homme*, l'*Etat commercial fermé* (1800), l'*Exposition claire comme le jour au grand public sur* l'*Essence de la nouvelle philosophie*, l'*Exposé de la Théorie de la science*. En 1804, des chaires lui sont offertes à Charcow (Russie), Landshut (Bavière), ainsi qu'un professorat à Erlangen, avec saison d'hiver à Berlin. Cette dernière offre lui agrée et l'amène à s'occuper de questions pédagogiques (Plans d'une Université modèle, Aphorismes sur l'éducation, etc). Il prononce des leçons sur *Les traits caractéristiques du temps présent* et sur la *Méthode pour arriver à la vie bienheureuse*. En 1806, la guerre ayant éclaté entre la Prusse et la France, Fichte sollicite sans succès la mission de prédicateur laïque auprès des armées, et se réfugie à Kœnigsberg, où il obtient une place de censeur que des démêlés avec l'autorité au sujet de la liberté de penser l'obligent à résigner. A l'approche des Français, il quitte Kœnigsberg pour Memel, et, la paix signée, revient à Berlin. Il est question alors de transporter l'Université de Memel dans la capitale de la Prusse. Fichte prend part aux études que nécessite le projet sous les ministères de Beyme et de Humboldt; en même temps il publie: la *Théorie de la science dans ses traits généraux*, prononce ses fameux *Discours à la nation allemande* (1807), fait paraître les *Données de la conscience de Fichte*, donne cinq conférences sur la *Destination du savant*. L'université s'était ouverte avec Schmalz comme recteur (1810). Devenu recteur à son tour, Fichte prononce un discours inaugural sur *La seule destruction possible de la liberté académique*, dirigé contre les ordres des étudiants, entre en conflit avec ces derniers, et donne sa démission, parce que ses collègues ne le soutiennent pas (1812). La *Théo-*

rie de la science, le *Système du droit*, le *Système de la morale*, les *Données de la conscience*, des leçons sur la *théorie de la science*, sur la *théorie de l'Etat*, des leçons *d'Introduction sur la Théorie de la science* absorbent son activité de 1812 à 1813. Au commencement de 1814, la femme du philosophe contracte le typhus au chevet des malades, qu'elle a soignés sans relâche : Fichte gagne la maladie et meurt le 27 janvier.

A travers ce récit bien chargé, quoique trop succinct, Fichte nous apparaît avec le double caractère du spéculatif et de l'homme d'action. Spéculatif, il a la passion des idées, des abstractions, du raisonnement ; il se livre aux recherches les plus abstruses, aux discussions les plus subtiles. Homme d'action, il a hâte de voir ses théories se traduire dans la pratique, et cherche à exercer la plus large influence sur le grand public et sur les étudiants qui lui sont confiés. Quant à son activité philosophique, si abondante et si variée, on peut la répartir en trois périodes. Dans la première, Fichte, qui vient d'abandonner le déterminisme et de se convertir au Kantisme, applique les principes de la Critique à des questions de politique, de morale et de religion. Dans la deuxième période (1793-1795), qu'on appelle période d'Iéna, il constitue son propre système, fonde la théorie de la science et en tire les conséquences. Dans la troisième période (1799-1804) l'élément éthico-religieux devient de plus en plus prédominant, l'idée de Dieu paraît se transformer dans l'esprit du philosophe ; il remanie son système d'après ses vues nouvelles, et, bien que lui-même estime enseigner toujours la même doctrine, des interprètes comme MM. Boutroux, Windelband peuvent parler d'une seconde philosophie de Fichte.

CARACTÈRES DE LA PHILOSOPHIE DE FICHTE

Fichte définit ainsi le dessein de sa philosophie : « L'auteur de la *Théorie de la Science* a résolu de consacrer sa vie à exposer, sous une forme d'ailleurs entièrement indépendante de celle de Kant, la grande découverte de ce penseur, et cette résolution, il n'y faillira pas ». En affirmant de la sorte l'identité de son système et de celui de Kant, Fichte entendait, sans doute, se placer au point de vue non de la lettre, mais de l'esprit. Il avait parfaitement conscience de ce qu'il y avait de hardi et d'original dans l'interprétation qu'il apportait de l'idée critique. Avant d'entrer dans le détail de cette philosophie originale, notons-en les principaux caractères.

1° *La philosophie de Fichte est une philosophie transcendantale.* — Pour concilier l'empirisme, d'après lequel toute connaissance dérive de l'expérience, et le rationalisme, qui voit dans les lois de la pensée des principes nécessaires et universels, c'est-à-dire *a priori*, pour rendre compte d'autre part et de la réalité de la science, et du perpétuel échec de la métaphysique, Kant avait supposé que les facultés de notre esprit, loin d'être vides, ont un contenu propre. Il se mit à scruter ce contenu, et découvrit un certain nombre de représentations auxquelles il donna le nom de formes transcendantales (espace, temps, catégories, etc.). Mais ces formes, il se contenta de les énumérer, de les classer, et renonça à les expliquer autrement qu'en les rattachant d'une manière générale à l'esprit, comme à leur producteur. Fichte s'attaque au problème que Kant a désespéré de résoudre. Il entreprend de *déduire* les lois de la pensée, c'est-à-dire d'établir que, étant donnée l'essence de l'esprit, il devait produire les formes que nous constatons en lui, et du même coup d'expliquer le sentiment de nécessité qui accompagne les connaissances *a priori*. Ainsi sa philosophie sera, à cet égard, l'achèvement de la philosophie transcendantale.

2° *La philosophie de Fichte est une philosophie idéaliste.* — D'une manière ou d'une autre, les formes transcendantales mettent le sujet en rapport avec l'objet. On peut dire que chez Kant il y a deux conceptions de l'objet. L'objet c'est d'abord la matière des sensations, lorsque celles-ci ont été transformées, intellectualisées, légalisées par des rapports nécessaires et universels, en vertu de l'application des catégories de l'entendement. Mais l'objet, c'est ensuite la chose en soi, le noumène, la réalité intelligible à laquelle correspond l'intuition et qui, inconnue et inconnaissable, nous apparaît à travers elle. Fichte repousse cette chose en soi, scandale d'une philosophie qui prétend tout expliquer au moyen de l'esprit, objet posé en violation de la thèse suivant laquelle les catégories n'ont de valeur que pour les phénomènes. Son effort tend à réduire au sujet l'objet qui n'est plus que le sujet lui-même vu d'un certain point de vue. On comprend, dès lors, que son système ait reçu le nom d'idéalisme subjectif, critique ou transcendantal.

3° *La philosophie de Fichte est une philosophie moniste.* — Nous disons le sujet et l'objet, mais ces termes n'expriment-ils pas des pluralités? A coup sûr. Fichte est loin de nier soit la multiplicité des êtres raisonnables, soit la diversité des choses qu'ils se représentent, et dont l'ensemble constitue la nature. Mais selon lui, cette double série aux termes multiples est dérivée. Au fond de ce que chacun de nous appelle son moi, existe et vit le Moi ~~absolu~~, le Sujet pur. Ce sujet est l'essence même de l'Esprit en qui coexistent et s'identifient productivité et réflexion, c'est la Substance, laquelle est unique. Fichte est résolument moniste, et l'un des mérites qu'il accorde le plus volontiers à son système, est d'avoir su concilier, à la différence du spinozisme, l'unité de l'être et la pluralité des consciences et des objets qu'elles se représentent.

4° *La philosophie de Fichte est une philosophie de la liberté.* — Etre, Substance, Esprit, ce sont là des termes qu'il faut définir avec exactitude, si l'on veut comprendre et le problème qu'en définitive Fichte s'est proposé de résoudre et la philosophie par laquelle il croit l'avoir résolu. Or, pour notre philosophe, l'*Esprit* est essentiellement l'opposé de la *chose* : la chose est ce qui est donné, produit, inerte, mort. L'esprit est ce qui produit : c'est l'activité, c'est la Liberté. Le principe des choses est une Liberté infinie ; d'abord pure puissance, elle a à se réaliser, et, pour cela, à créer l'intelligence. Montrer comment la Liberté se fait, et par là expliquer l'intelligence, et, avec l'intelligence, la conscience, et, avec la conscience, la pratique, telle est la tâche et l'ambition de la philosophie de Fichte.

MÉTHODE

A une entreprise aussi originale doit correspondre une méthode originale comme elle. Cette méthode n'est pas l'expérience, l'induction, qui remonte du particulier au général, et dégage des faits les rapports nécessaires et universels, les lois qui les régissent. Une telle procédure convient aux sciences proprement dites, qui s'appliquent au donné, et nullement à la philosophie, qui prétend rendre compte du donné, et montrer, faire comprendre pourquoi il y a une expérience. Ce n'est pas davantage la déduction sous le contrôle de l'expérience, le raisonnement employé à rattacher les faits et leurs lois à une hypothèse imaginée de manière à ce qu'elle cadre avec eux. La philosophie, en effet, a pour rôle de dire ce qui *doit* être ; si son argumentation est juste, l'expérience se trouve d'accord avec ses conclusions, sans que la philosophie ait à se préoccuper d'avance de cet accord. Elle n'est pas enfin la déduction appliquée à épuiser les conséquences d'une définition de l'être une fois posée, comme celle de la Substance chez Spinoza. Qu'est-ce qui justifie cette définition? Le principe universel est tout autre chose que la Substance telle que la conçoit l'auteur de l'*Ethique* : c'est la Liberté qui se crée, et la philosophie a à déduire les actes qu'elle doit nécessairement produire pour se réaliser. La méthode à mettre en œuvre est donc la dialectique qui construit la réalité vivante. Et cette méthode seule peut donner la certitude : car y a-t-il moyen de douter de la vie, de l'action, de ce que l'esprit voit se produire et s'engendrer?

LES PRINCIPES MÉTAPHYSIQUES DU SYSTÈME

Il convient d'abord de rechercher les principes métaphysiques du système. Ils sont au nombre de trois et répondent aux lois de l'entendement, savoir les lois d'identité, de contradiction et de raison.

1er *Principe*, absolument inconditionné, c'est-à-dire tel que ni sa forme ou liaison des termes, ni sa matière ou contenu, ne relève d'une condition quelconque, et qu'il échappe à la définition et à la démonstration. Le point de départ de la recherche est la loi d'identité A = A. Cette proposition affirme, non pas l'existence de A, mais le rapport entre les termes, soit X. C'est par sa forme, et nullement par son contenu, qu'elle a de la valeur. Nous voulons savoir quelle condition *métaphysique* rend possible le rapport X, ou si l'on aime mieux, nous cherchons à passer de X à cette condition. C'est le

Moi qui juge quand il énonce la proposition A = A, et il juge d'après X, comme d'après une loi absolue. X est donné dans le Moi, A doit donc l'être aussi, et il ne peut l'être absolument à titre de prédicat que s'il l'est à titre de sujet. Autrement dit, la proposition A = A implique un sujet ou principe métaphysique, qui juge et reste identique à lui-même quand il va du sujet logique à l'attribut de la proposition. Nous avons donc le droit de traduire la proposition A = A en cette autre : « Je suis Moi, ou Je suis. » Entre ces deux propositions il y a une différence capitale. La première a une valeur absolue, mais au point de vue de la forme seule, car elle signifie : *si* A est, il est A. La deuxième vaut absolument, et par sa forme, et par sa matière. Non seulement le Moi est identique à lui-même, mais il existe. Toutefois, la vérité de cette existence du Moi n'est encore que celle d'un fait. Il faut dépasser le fait, et aller jusqu'au droit. La valeur formelle de A = A nous y autorise. Cette proposition a une valeur absolue. La proposition « Je suis» qu'elle implique » doit donc avoir la même valeur. Il résulte de là que le principe suprême, expliquant tous les faits de conscience est, qu'avant de rien poser en soi, le Moi doit être lui-même posé. Et la nature de la loi d'identité nous révèle celle du premier principe. A = A est un jugement, c'est-à-dire un acte. Le Moi, lui aussi, est un acte. Il est l'activité en soi, l'activité qui consiste à se poser, et pour qui se poser c'est être, l'acte en qui s'identifient l'agent et son produit, le principe d'un acte et du seul acte possible. Le Moi est en tant qu'il se pose, il n'est que parce qu'il se pose, et pour lui qui se pose. — Si dans la proposition « Je suis », l'on fait abstraction du contenu ou Moi, il reste la forme du rapport du fait d'être posé à l'être ou loi d'identité, laquelle se trouve ainsi fondée sur le premier principe de la doctrine de la science. Par là, en outre, on obtient la valeur de la catégorie de *réalité*. Tout ce à quoi est applicable la proposition A est A, a de la réalité.

2e *Principe*. — Le deuxième principe doit être inconditionné quant à sa forme, et conditionné quant à sa matière. La recherche part de la loi de contradiction.

Non A n'est pas A. Cette proposition est indémontrable. Si la démonstration en était possible, elle ne pourrait se faire qu'à l'aide du principe d'identité. Or, quand on essaie de la produire, on s'aperçoit que la proposition à démontrer se réduit purement et simplement à celle d'où l'on prétendait la tirer, ce qui revient, non pas à la démontrer, mais à la détruire, en supprimant son originalité. En effet : Non A n'est pas A équivaut à Non A est Non A. Nous avons là la forme de l'identité. Ce qu'il y a de nouveau dans la loi de contradiction, c'est l'acte de l'*opposition*, lequel étant le contraire de l'acte de poser, ne saurait être fourni par lui. Considérons cet acte et son produit, au point de vue de la forme et de la matière. Pris en lui-même, l'acte de l'opposition est absolu dans sa forme, comme posé sans condition par le Moi ; il est conditionné quant à sa matière : sans une position pas d'opposition, et, à cet égard, l'action dépend toujours d'une autre action. De même le produit de l'acte d'opposer a une forme absolue. Un opposé est tel, parce qu'il est le résultat d'un acte d'opposition. Il a une matière conditionnée. Non A n'est ce qu'il est que parce que A a été posé tel qu'il l'a été. Passons de la logique à la métaphysique. La proposition : « Non A n'est pas A » est absolument certaine ; elle est un fait de la conscience empirique ; certain aussi doit être l'acte d'opposition qui fonde ce fait. Or il n'y a de primitivement posé que le Moi ; il s'ensuit que, primitivement, un Non Moi est absolument opposé au Moi. Nous avons bien là un principe inconditionné par sa forme et conditionné par sa matière. Le Non Moi suppose le Moi ; en vertu de la simple opposition, le contraire de tout ce qui appartient au Moi doit appartenir au Non Moi. Que l'on n'aille pas croire, avec le vulgaire, que le concept du Non Moi est un concept discursif, formé au moyen d'une abstraction qui dégage ce qu'il y a de commun à toutes les choses que nous nous représentons. Sans doute, il y a et doit y avoir dans les objets représentés quelque chose qui fait qu'ils apparaissent différents du sujet qui se les représente. Mais que partout où il se rencontre, cet X soit à distinguer du représentatif, voilà ce qu'aucun objet ne peut nous apprendre. Il n'y a d'objet que dans la supposition de la loi qui oppose le représenté au représentant. Cette loi vient d'être dérivée du Moi ; sa formule est : Au Moi est primitivement opposé un Non Moi. L'abstraction en dégage la loi de l'opposition ou de contradiction ; elle en tire aussi la catégorie de *négation* dont la valeur se trouve démontrée.

3° *Principe*, inconditionné quant à sa matière et conditionné quant à sa forme. Cette fois, le point de départ est la contradiction qui éclate entre les deux premiers principes. Par eux le Moi et le Non Moi ont été posés d'une façon absolue, et l'un et l'autre comme infinis. En tant que le Non Moi infini est posé, le Moi ne l'est pas. Or, le Non Moi est posé dans le Moi, parce qu'il lui est opposé, et que l'opposition suppose l'identité du Moi dans lequel elle est posée et auquel elle est opposée. Donc le Moi n'est pas, par là même que le Non Moi y est posé. Mais, d autre part, le Non Moi ne peut être posé que si, dans le Moi conscient, un Moi est posé, auquel il puisse être opposé. Or, le Non Moi doit être posé dans la conscience identique, donc le Moi doit y être posé. Ainsi, le deuxième principe se détruit par ses conséquences. Mais à son tour cette destruction se détruit. En effet, si le deuxième principe se détruit, c'est qu'il a la valeur nécessaire pour que l'opposé supprime ce qui est posé. Mais comme il doit se détruire, il n'a aucune valeur, et, par conséquent, il ne se détruit pas. Même chose à dire du premier principe. Si le Moi est Moi, tout ce qui est posé, est posé dans le Moi. Or le deuxième principe doit être posé dans le Moi, et ne pas l'être. Donc le Moi n'égale pas le Moi, mais le Non Moi. Les conséquences des deux principes sont exactes ; leur exactitude abolit l'identité de la conscience, c'est-à-dire la conscience elle-même. Il faut donc chercher une inconnue qui laisse intactes et l'identité de la conscience et l'exactitude des conséquences. Puisque les conséquences se rencontrent dans la conscience, en elle aussi se rencontre l'inconnue. Le Moi et le Non Moi, posés dans la conscience, sont des actes primitifs du Moi ; l'acte d'opposition, qui pose le Non Moi et qui implique l'inconnue est donc aussi un acte primitif. L'inconnue doit concilier le Moi et le Non Moi, les poser comme identiques, sans qu'ils se détruisent l'un l'autre, les accorder dans la conscience. L'acte qui produit un tel résultat est la limitation réciproque, lequel enveloppe la réalité et la négation, et l'inconnue cherchée se trouve dans la notion de limite. Cette notion n'est pas analytique, car les deux principes ne la fournissent pas, et, quoique le deuxième exige implicitement la conciliation des opposés, il ne dit pas comment elle a lieu. Prise dans toute sa pureté, c'est-à-dire dégagée de la réalité et de la négation qu'elle sert à concilier, notre inconnue se réduit au concept de divisibilité ou *quantitabilité*, qui suppose la réalité et la négation. Ainsi l'acte qui réalise la limitation, pose le Moi et le Non Moi comme absolument divisibles. Quant à la limitation, elle ne précède ni ne suit l'opposition des deux termes, elle est en cette opposition, et avec elle; elle s'identifie à l'opposition même. Nous ne l'en distinguons que par la réflexion.

La limitation réciproque permet de lever les contradictions signalées tout à l'heure. Le Moi n'est pas posé dans le Moi, quant aux parties de la réalité en lesquelles le Non Moi est posé, ce que le deuxième principe autorise à admettre. Mais le Moi est posé en tant que le Non Moi est posé. Tous les deux se partagent la réalité ; l'un et l'autre sont quelque chose, ce qui n'était pas vrai du Moi dans le premier principe. Le Moi doit être identique et opposé à lui-même. Il est identique comme Moi dans la conscience absolue qui est unique. Il est opposé à lui-même en tant que, divisible par son opposition au Non Moi, il est opposé au Moi absolu. En résumé, le troisième principe est le suivant : Le Moi oppose dans le Moi, au Moi divisible, un Non Moi divisible.

Si l'on néglige le contenu de cette opposition, on voit que la forme de la conciliation des opposés, au moyen de la divisibilité, donne la loi de raison. En partie A est non. A, et réciproquement. Par le troisième prin, cipe, cette loi de raison ou de relation est à la fois démontrée et déterminée. Elle est démontrée. Le Moi et le Non Moi se limitant partiellement, on comprend que les contraires sont en parties identiques, car ils ont en commun ce qu'ils ne détruisent pas l'un dans l'autre. On comprend également que les identiques aient quelque chose de différent, et c'est ce qui a permis précisément de les poser comme deux (ou plus de deux), et non comme une seule et même chose. Elle est déterminée : valable pour les choses opposées, elle est sans application possible au Moi infini, qui est unique. De plus, elle nous apprend qu'il n'y a pas de synthèse sans antinomie ni d'antinomie sans synthèse, et que l'une et l'autre impliquent la thèse. De là résulte l'existence de jugements de conciliation, d'opposition et de position.

Le troisième principe : Le Moi oppose dans le Moi au Moi divisible un Non Moi divisible est la synthèse fondamentale (S. A.). qui donne la formule de la conscience, de son contenu, c'est-à-dire de tout ce qui existe pour nous, connaissances et actions, bref de ce qu'on peut appeler l'expérience, et que Fichte nomme la Science. Il se décompose en deux propositions : l'une regarde la pratique : le Non Moi est limité par le Moi ; l'autre regarde la théorie : le Moi se pose lui-même comme limité par le Non Moi.

PHILOSOPHIE THÉORIQUE

Le Non Moi ne peut limiter le Moi que s'il existe, et le Moi ayant été posé comme la seule réalité, l'existence du Non Moi se présente comme quelque chose de paradoxal. Un problème s'impose donc au philosophe qui n'admet que le Moi, celui d'expliquer l'existence du Non Moi par la conscience elle-même, et sans sortir d'elle, en d'autres termes, de montrer que le Non Moi est quelque chose du Moi. A supposer que la réduction puisse être effectuée, il n'en est pas moins vrai que le Non-Moi paraît étranger au Moi ; un second problème succède donc au précédent : faire voir comment le Moi arrive à reconnaître dans le Non Moi un produit de son activité : Ces deux tâches se partagent la philosophie théorique : la première est épuisée par la déduction du Non Moi, la deuxième par l'Histoire pragmatique du Moi.

A. *Déduction du Non Moi.*— La déduction du Non Moi se fait à l'aide de trois synthèses : celles de la réciprocité, de la causalité et de la substantialité, dont chacune a pour but de résoudre des antinomies recélées dans la proposition : le Moi se pose comme déterminé par le Non Moi.

a) *Synthèse de la réciprocité* (S. B.). De cette proposition : le *Moi se pose comme déterminé par le Non Moi* l'analyse en fait sortir deux autres qui se contredisent : 1° Le *Non Moi détermine activement le Moi* ; 2° le *Moi se détermine lui-même*, ce qu'il faut bien accorder, puisque le Moi se pose en vertu de l'activité absolue, et qu'il se pose comme déterminé. La conscience, que la contradictoires détruirait, ne pouvant pas être abolie, c'est à elle de fournir le moyen de la conciliation. L'une des contradictoires nie ce que l'autre affirme : si la destruction avait lieu, ce serait donc celle de la réalité par la négation. On l'évitera en déterminant la limitation. Le Moi s'est posé à titre de réalité et de quantité absolue. Ce n'est donc pas en supprimant en lui-même de la réalité — auquel cas il se nierait et se contredirait — mais en déterminant la réalité et la quantité qui le constitue, qu'il se déterminera. Le Non Moi, opposé au Moi, est la négation absolue du Moi, et par conséquent de la quantité absolue ; il est la quantité absolue de la négation. La conciliation cherchée se fera par la limitation partielle des deux opposés. Le Moi se détermine et est déterminé en partie, deux choses qui n'en font qu'une. Il se détermine dans la mesure où il est déterminé, le degré de réalité qu'il abolit en lui, il le transporte dans le Non Moi. En d'autres termes, il n'y a de négation dans le Moi qu'autant qu'il y a de réalité dans le Non-

Moi. De la sorte le Moi se pose en se déterminant, en tant qu'il est déterminé, et est déterminé, en tant qu'il se détermine.

Cette synthèse de la réciprocité nous présente dans l'idée de réciprocité d'action une spécification de l'idée de détermination. Tandis que la détermination en général pose la quantité, la réciprocité fait voir comment la quantité de l'un des opposés est déterminée par celle de l'autre. C'est ce que Kant appelle la catégorie de *relation*.

b) *Synthèse de la causalité* (S. D.). — La première des propositions qu'a conciliées la synthèse de la réciprocité, savoir : le *Non Moi détermine activement le Moi*, en renferme deux autres qui se contredisent : 1° *Le Non Moi a de la réalité en lui-même*, car il doit déterminer le *Moi*, en supprimant de sa réalité ; 2° le *Non Moi n'a acune réalité*, car toute réalité est posée dans le Moi, et le Non Moi est opposé au *Moi*. Le maintien de la conscience exige une conciliation que la réciprocité ne fournira pas à elle seule, attendu qu'elle nous autorise à regarder comme réel celui des opposés qu'il nous plaît de concevoir ainsi. C'est en dissipant l'équivoque qui jusqu'ici est demeurée dans la notion de réalité, que la contradiction pourra être levée. Voici de quelle manière. Indépendamment de toute condition de temps et de relation à un objet quelconque, le Moi est l'origine de toute activité. Par le Moi, et avec lui, est donnée toute réalité : il est, parce qu'il se pose, et il se pose, parce qu'il est. Mais pour lui, être ou se poser, c'est être actif. La réalité est donc positive. Dire que le Moi doit être déterminé, c'est dire que de la réalité doit être supprimée en lui. Or, toute idée d'efficace écartée, le contraire de l'activité est la passivité ou négation positive. Si donc la totalité absolue de la réalité doit être conservée jusque dans la passivité du Moi, il faut qu'un degré d'activité égal à celui qui est détruit en lui soit transféré dans le Non Moi. Là est la solution cherchée. Le Non Moi, qui n'a comme tel aucune activité en soi, possède néanmoins de l'activité, en tant que le Moi est passif ou affecté.

La notion qui fait le nœud de cette synthèse est celle de causalité. Ce à quoi une causalité est attribuée est cause première ou réelle, positive, absolument posée. Ce à quoi la passivité est attribuée est effet, c'est-à-dire sans réalité primitive, et dépendant d'autre chose. La causalité est une spécification de la réciprocité d'action. La réciprocité détermine la quantité de l'un des deux opposés par celle de l'autre, mais n'indique pas lequel des deux doit être posé comme réel, lequel comme négatif. Au contraire, la causalité désigne le terme positif, et, en outre, la corrélation de l'activité et de la passivité des deux termes.

c) *Synthèse de la substantialité* (S.E.). — La deuxième proposition de la synthèse fondamentale : *le Moi se pose comme déterminé par le Non Moi*, en renferme deux autres qui se contredisent : 1° *Le Moi se détermine*, c'est-à-dire qu'à titre de déterminant, il est actif ; 2° *Le Moi se détermine*, c'est-à-dire qu'à titre de déterminé, il est passif. Cette contradiction d'un Moi actif et passif à la fois, en un seul et même acte, sera résolue si, à la proposition qui la renferme, on peut substituer cette autre. *Le Moi, par son activité, détermine sa passivité, et, par sa passivité, son activité.* Le peut-on ? La détermination implique une mesure fixe. Cette mesure ne peut être que le Moi, car il est posé primitivement, et en lui-même, d'une manière absolue, comme réalité totale ou somme comprenant toutes les sommes, comme quantité absolue. C'est d'après cette quantité absolue que sera mesuré ce qui manque de réalité. Mais le manque de réalité n'étant rien en soi, l'opération portera directement sur la quantité de réalité restante, ce qui reviendra à mesurer la quantité manquante ou négative à titre de contraire, non pas de la réalité elle-même, mais d'une somme plus petite que la totalité. Cette somme ne pourra être comparée à la totalité que grâce à la divisibilité qui fonde leur distinction. Bien que la totalité soit sans parties, il est possible en effet de la comparer à des parties, et de la discerner d'avec elles. Ainsi il y a un moyen de lever la contradiction signalée. On raisonne de la façon suivante : Réalité et activité sont identiques. Or, toute réalité, toute activité, est posée dans le Moi, et inversement toute réalité est activité en lui. En tant qu'il n'est pas actif, le Moi est passif. Toute passivité est non-activité. Donc c'est seulement par rapport à l'activité que la passivité est susceptible d'être déterminée, et, comme le demandait le problème, dans la réciprocité, l'activité détermine la passivité.

La passivité ne peut être rapportée à l'activité que si elle est fondée, et son fondement est nécessairement celui de la relation générale qui existe entre la réalité et la négation, à savoir le fondement de la quantité. La passivité est une quantité d'activité. Or, une somme d'activité ne se détermine que par une mesure qui est l'activité en soi ou quantité absolue de la réalité. Si toute l'activité est posée dans le Moi, poser une certaine somme d'activité, c'est diminuer l'activité totale du Moi, laquelle devient passivité, non en elle-même mais en tant qu'elle n'est plus toute l'activité. Donc par là même que l'on pose une somme d'activité, la passivité est déterminée comme telle par l'opposition de cette somme à l'activité totale. Ainsi nous avons trouvé une notion synthétique qui renferme à la fois celles d'activité et de passivité, activité à l'égard du Non Moi, passivité à l'égard de l'activité totale. C'est celle d'une action particulière, comprise dans la sphère de l'activité en général. Par exemple, le « je pense » est l'expression d'une activité, car le Moi pose la pensée, et comme tel est agissant. C'est en même temps l'expression d'une négation, à titre d'action particulière excluant toutes les autres. L'activité de la pensée est donc opposée à elle-même ; activité relativement aux objets auxquels elle s'applique, passivité en ce qui concerne l'être en général, dont la limitation rend seule la pensée possible. Tous les attributs du Moi expriment de même une limitation. On voit donc que le Moi, déterminant son activité par sa passivité, est tout ensemble actif et passif ; actif dans sa spontanéité absolue, qui le pose en une des sphères que contient sa réalité absolue, passif en tant qu'il est considéré en cette sphère particulière, abstraction faite de sa spontanéité.

La notion trouvée est celle de substance, spécifiication nouvelle de la réciprocité. La causalité et la substantialité sont identiques et opposées à la réciprocité. Elles lui sont identiques en ce qu'elles déterminent, l'une la passivité par l'activité, l'autre la négation par la réalité, et inversement ; elles lui sont opposées, car si elles posent une alternative, celle-ci, au lieu d'être indéterminée, et de laisser le droit de choisir le terme qui servira de point de départ, détermine au contraire et fixe l'ordre des termes. Seulement cet ordre même les rend opposées entre elles. Dans la causalité, l'activité est déterminée par la passivité, dans la substantialité c'est la passivité qui est déterminée par l'activité. En tant qu'il est le cercle embrassant toute réalité, le Moi est substance. Comme posé dans une sphère de ce cercle, il y a en lui un accident. La limite qui sépare le cercle de la circonférence de la sphère est l'accident lui-même, lequel appartient à la substance. La limite est dans le cercle et, par conséquent, dans la substance. Pas de substance sans accident, car c'est seulement par rapport aux circonférences tracées dans le cercle entier que le Moi est substance, et, sans les accidents, il n'y aurait pas de réalités diverses, mais l'unité pure. Inversement, pas d'accident sans substance, car quelque chose de réel ne peut être déterminé que s'il est rapporté à la réalité en général. La substance se conçoit comme réciprocité d'activité universelle, et l'accident est quelque chose de déterminé et de variable, qui est solidaire d'une autre chose également variable. Il n'y a qu'une substance, et tous les accidents possibles sont posés dans cette unique substance.

Les deux synthèses de la substantialité et de la causalité nous enferment dans un cercle vicieux. Pour le Moi, poser une somme d'activité moindre que l'activité totale, revient à poser la passivité en lui-même et l'activité dans le Non Moi. Mais comme substance, le Moi égale l'activité totale, il lui est donc impossible de poser en lui cette moindre somme. Ainsi il semble qu'il devrait y avoir dans le Non Moi une activité précédant la position de la moindre somme, et annulant une partie de l'activité du Moi. La synthèse de la causalité interdit d'admettre une telle activité du Non Moi, puisque celui-ci n'a d'activité qu'autant qu'il est posé de passivité dans le Moi. Supposons que la limitation du Moi résulte uniquement du Non Moi, deux cas sont possibles. Ou bien le Non Moi n'agit pas, et alors toute l'activité est dans le Moi, ou bien il agit sur le Moi d'un certain nombre de degrés, et alors autant de degrés sont anéantis dans le Moi. Mais le Moi ne pouvant comparer les états dans lesquels il se trouve aux moments où le Non Moi agit ou n'agit pas, il se voit déterminé sans se poser comme tel. C'est la thèse du réalisme qui ne parvient pas, à l'aide du Non Moi extérieur au Moi, à expliquer la conscience que celui-ci a de sa limitation. Supposons au contraire que le Moi, absolument indépendant de toute influence du Non Moi, soit en outre capable de percevoir en soi à des instants divers, des degrés variables d'activité, de les comparer à la réalité totale, de les mesurer par elle ; il se jugera limité, et à des degrés variables, mais il n'attribuera pas l'origine de ses limites au Non Moi. C'est la thèse de l'idéalisme transcendantal, qui devient inconséquent lorsqu'il admet l'existence du Non Moi comme chose en soi. Chacune des deux thèses a l'inconvénient de laisser inexpliqué ce dont elle devait rendre compte. On ne voit pas dans le réalisme pourquoi le Moi rapporte sa limitation au Non Moi, ni dans l'idéalisme pourquoi cette limitation, au lieu de paraître contingente, est tenue pour nécessaire. La contradiction relevée peut s'exprimer comme il suit. Le Moi ne peut poser en soi de la passivité sans poser de l'activité dans le Non-Moi et réciproquement. Comme la proposition et sa réciproque doivent avoir de la valeur, il faut conclure que cette valeur n'est que partielle. Interprétées de la sorte, elles donnent ce résultat. Le Moi pose et ne pose pas en partie la passivité en soi, en tant qu'il pose l'activité dans le Non Moi. C'est donc que la loi de la réciprocité n'est vraie qu'à un certain égard, et relativement à l'activité du Non Moi qui détermine la passivité du Moi et à la passivité du Moi qui détermine l'activité du Non Moi.

Mais dans le Moi et le Non Moi, outre l'activité déterminée il doit y avoir une activité indépendante, et les deux activités doivent coexister. Leur coexistence requiert une notion synthétique, qui les accorde. L'activité indépendante déterminera la passivité et réciproquement. Si cette proposition est vraie, il est clair que l'activité indépendante et l'activité déterminée ne se détermineront que médiatement. Or, le Non Moi déterminant réellement le Moi, la passivité du Moi est un fait réel. Le Non Moi a une existence réelle ou qualitative. Mais puisque l'activité du Non Moi n'est que la passivité du Moi, cette activité a son fondement idéal dans le Moi lui-même. Il faudrait que fondement réel et fondement idéal ne fissent qu'un. Leur identification exige un moyen terme entre la quantité et la qualité. Nous le trouvons dans l'objectivité, que fournit la loi du poser médiat ou de la conscience. Dans le Moi, se poser, c'est-à-dire la quantité, et être, c'est-à-dire la qualité, sont une seule et même chose, et, par là, en lui s'identifient le fondement réel et le fondement idéal. Mais, d'autre part, poser dans le Moi c'est aussi ne pas poser dans le Moi, car le Moi qui en soi est infini, ne se pose jamais qu'en partie. Or, ne pas poser dans le Moi, c'est poser dans le Non Moi. Donc le Non Moi s'identifie à son tour avec la position du Moi, et, comme dans le Moi le fondement réel et le fondement idéal ont été identifiés, ils sont par là même identifiés aussi en lui. Le Non Moi n'est que la quantité du Moi qui n'est pas posée, le simple corrélatif du Moi. S'il paraît avoir une existence qualitative, c'est qu'il se présente comme objet. Or de même qu'il n'y a de sujet que par rapport à l'objet il n'y a d'objet que par le sujet, et pour lui. La loi du poser médiat, qui permet de ramener le Non Moi à l'objet et l'objet au sujet, est donc bien la loi de la conscience : le réalisme et l'idéalisme ordinaire sont écartés l'un et l'autre, et réconciliés dans l'idéalisme critique.

La conciliation s'est effectuée sur le terrain de la causalité ; il reste à transporter la question sur celui de la substantialité, où la détermination réciproque est l'exclusion d'un terme par l'autre. Si nous regardons de près le Moi et le Non Moi qui s'excluent, nous voyons que tous deux sont finis. Or, le Moi qu'avait posé le premier principe était le Moi infini. C'est au Moi fini que le Non moi a été ramené comme objet, mais ce Moi fini lui-même, comment le rattacher au Moi infini ? L'idéalisme se perd, en identifiant le fini à l'infini. et le réalisme demande que le Moi se considère comme limité, sans en donner la raison. La réponse est que la rencontre des opposés n'implique pas nécessairement l'existence de l'objet. Il suffit qu'il y ait choc pour le Moi, et que quelque chose empêche le sujet de s'étendre. Ce choc donne au Moi la tâche de se limiter. Comme la limitation a lieu au moyen de l'opposition, le Moi, pour exécuter cette tâche, doit opposer l'objet au sujet. Par là il réalise la conscience, qui exprime cette relation, et, c'est pour la réaliser que le choc se produit. Elle naît de lui, rien d'étonnant, après cela, que l'objet, son résultat, soit un Non Moi, c'est-à-dire quelque chose qui paraît d'abord inexplicable à la conscience.

Mais qu'est-ce qui causera le choc ? L'idéalisme exige que ce soit une activité inconsciente du Moi. Il faut donc admettre dans le Moi une faculté tenant le milieu entre le Moi infini et le Moi fini qu'elle crée. C'est l'imagination, puissance finie puisqu'elle limite le Moi et crée les objets, mais puissance infinie aussi, car elle multiplie sans cesse les objets, recule les limites, emploie sa spontanéité à poursuivre l'impossible équation du fini et de l'infini. Avec la découverte de l'imagination s'achève la déduction du Non Moi.

B. *Histoire pragmatique du Moi.* — La production du Non Moi par le Moi est la condition grâce à laquelle l'intelligence se réalise. Il s'agit maintenant d'assister au développement de cette intelligence, et de voir le Moi arrivant à reconnaître son propre produit dans le Non Moi, qui d'abord s'impose à lui sous l'apparence d'une réalité complètement étrangère. C'est le spectacle que va dérouler sous nos yeux l'histoire pragmatique du Moi. Nous devons avoir constamment à la pensée deux vérités : la première que les actes qui vont être saisis par la réflexion sont en eux-mêmes inconscients ; la deuxième que si l'exposition en est successive, leur production est simultanée.

a) *Déduction de la sensation* (empfindung). — L'histoire pragmatique prend le Moi au moment où l'imagination vient de produire inconsciemment le choc en son sein. En raison de ce choc qu'il subit de son propre fait, le Moi a en lui une activité où deux directions se contrarient, où deux forces égales en conflit, au lieu de s'annuler, laissent d'elles-mêmes une trace, qui est une matière en repos, un substratum de force. Parce qu'en lui-même il est activité pure, le Moi doit s'opposer cette activité contradictoire, à titre d'activité non pure. Une telle relation implique un fondement auquel se rattachent les deux termes à opposer, et qui doit se trouver dans le Moi. Il s'ensuit que l'activité du Moi sera pure en tant qu'elle se rapporte au Moi lui-même, et non pure en tant qu'elle lui est opposée, et, inversement, que l'activité opposée au Moi sera pure comme opposée et pure comme relative au Moi. L'identification se fait dans un troisième terme, lien synthétique de ceux qu'il doit servir à identifier, et qui se trouve dans l'activité opposée à l'activité entière du Moi, l'égalant, la niant, c'est-à-dire le Non Moi. La contradiction se lève de cette manière. En elle-même, si l'on fait abstraction du Non Moi, l'activité du Moi est pure ; elle dépouille sa pureté si l'on pose l'activité du Non Moi. Le maintien ou la suppression de sa pureté dépend de cette condition, qui est contingente. Le rapport du Moi au Non Moi est la sensation où trois choses sont à distinguer : le sentant, le senti et ce qui fait sentir. Le sentant est le Moi lui-même, rapportant au Non Moi l'activité qui le fait sentir ; le senti c'est l'activité du Moi refoulé, comprimé par une activité étrangère, puisqu'il ne se limite pas lui-même. Ce qui fait sentir c'est le Non Moi. La sensation, en deux mots, est l'acte dans lequel le Moi s'attribue, ou pose en lui-même, rapporte à lui, un élément étranger, mais qu'il a trouvé en soi comme *donné*.

b) *Déduction de l'intuition* (anschauung, conscience de la sensation). 1° *La sensation comme passion*. — Dans la sensation, le senti est une activité qu'arrête une activité égale. Il faut que cette activité soit opposée à une activité libre, et, qu'après avoir été opposée à l'activité qui lui fait obstacle, elle soit, comme cette dernière, opposée au Moi. Pour cela, un troisième terme est nécessaire, qui participe des deux, action et passion du Moi sous un premier aspect, et sous un second aspect, limite imposée par le Non Moi au Moi, qui ne peut se limiter lui-même. Action, ce terme aura pour fondement réel le Moi qui se détermine ; passion, il aura pour fondement le non-Moi qui pose son existence, et comme l'être et la détermination ne font qu'un, il sera tout entier explicable et par le Moi, à titre d'action et par le Non Moi, à titre de produit, de telle sorte que le Non Moi ne rendra pas compte de ce que fait le Moi, ni le Moi de ce que fait le Non Moi. En tant qu'il agit, le Moi est intuitif ; il faut donc que le Moi, en qui est l'intuition du Non Moi, ne pose rien de plus que le fait de considérer, en vertu de sa spontanéité propre, et sans aucune contrainte venue de l'extérieur, le Non Moi tantôt sous un caractère et tantôt sous un autre, en une image. Mais il faut aussi que les caractères considérés soient dans l'objet extérieur. Le troisième terme cherché est-il possible ? Dans le fait de sentir, l'activité est posée et déterminée. Le Moi doit poser en soi, et cela par l'activité, quelque chose d'étranger et de passif. Donc le Moi, dans le fait de sentir, doit être à la fois actif et passif, et la sensation est le résultat en qui s'unissent action et passion, c'est quelque chose d'actif par la passion, de passif par l'action, l'une menant à l'autre, l'une expliquant l'autre et réciproquement. Or, si l'activité ne peut pas être la passion elle-même, ce qui serait contradictoire, elle peut déterminer celle-ci, lui tracer des limites. La limitation est une action qui n'est pas possible sans passion, car, le Moi ne pourrait lui-même supprimer une partie de son activité, et a besoin pour cela du Non Moi ; mais à son tour la passion est incompréhensible sans l'activité, attendu qu'elle n'est qu'une limitation de l'activité. Ainsi s'explique que l'impression est posée à la fois dans le Moi et le Non Moi. La limitation est le troisième terme réclamé par la synthèse. Le fait de sentir n'est possible que grâce à la limitation du Moi par le Non Moi, et dans la limite commune aux deux termes, qui se séparent et s'opposent en tout le reste.

Avant la limitation, le senti est susceptible d'être rapporté au Moi, mais le Moi ne devient sentant, de même que le sentant n'est le Moi, qu'en tant qu'il peut être limité. La limitation implique un au delà de la limite du Moi, et pour pouvoir se poser comme limité, il faut que le Moi franchisse cette limite. La proposition : le Moi se pose comme limité, signifie donc que le Moi, en tant qu'enfermé dans une limite, s'oppose à un Moi illimité. Ce Moi sans limite et incapable d'en avoir une, est le Moi dont l'activité ne dépend que de lui-même, le Moi idéal, opposé à l'activité dépendante du Non Moi et appliqué au réel. L'activité qui dépasse la limite est idéale ; celle qui est enfermée dans la limite est à la fois idéale et réelle, idéale par son fondement dans le Moi, réelle comme activité limitée. Or, elle n'est pas rapportée au Moi simplement à titre d'activité idéale mais comme activité réelle, limitée, dépendante du Moi qui est étranger au Moi et exclu de lui. Le fondement et le sujet du rapport impliqué dans l'opposition du Moi et du Non Moi sont toujours l'activité idéale allant au delà, ou restant en deçà de la limite, et l'agent de l'intuition, aussi bien que son objet, n'est autre que le Moi. Mais le Moi, ne pouvant en même temps agir et réfléchir, oublie son action qui lui apparaît comme passion, et l'intuition n'est qu'une contemplation muette et sans conscience, où il se perd dans son objet. De là ce substrat dont l'existence est posée comme étrangère au moi, substrat sans influence sur le Moi, mais dont la position résulte d'une opposition, et, par conséquent, d'une détermination réciproque. L'existence du Non-Moi est indépendante, mais sa position dépend d'une influence étrangère exercée sur le Moi.

2° *La sensation comme action.* — Si le Non Moi limite le Moi, à son tour le Moi limite le Non Moi, car il ne fait pas partie de lui. La raison pour laquelle le Non Moi a été posé comme objet senti, c'est qu'en lui a été posée une activité contingente, c'est-à-dire pouvant être ou n'être pas posée. Or, c'est le Moi qui a le pouvoir de ne pas poser. Montrer comment se produit l'objet senti reviendra donc à montrer de quelle manière a lieu l'activité qui pose ou ne pose pas. Cette activité est idéale, car elle doit par elle-même aller au delà du point de séparation où le Non Moi s'oppose à elle, faute de quoi le Moi serait impuissant à poser en soi tout ce qu'il doit y poser. En tant qu'activité idéale, elle est pure activité ; c'est le Moi pur. Mais il faut aussi qu'elle soit une activité qui pose, car l'activité du Non Moi ne la détruit ni ne l'amoindrit, mais la place seulement hors du cercle du Moi. De son côté, le Non Moi ne saurait être hors du cercle du Moi, puisque, sous peine de ne pas être, il doit lui être opposé. Il résulte de cette double condition que le Moi pose un Non Moi en général, à sa guise. D'une part, le Moi est limité, et par conséquent il y a un Non Moi : d'autre part il ne l'est pas, ce qui signifie que le Moi recule sa limite comme il lui plaît. Il pose le Non Moi en lui-même, mais rien ne le force à le poser définitivement en un point quelconque : c'est par un libre choix et en vertu d'une activité illimitée, que le Moi pose ses limites.

N'y a-t-il pas contradiction entre ce résultat de la réflexion qui réduit le Non Moi à n'être qu'une limite du Moi librement posée et reculée, et ce fait que dans l'intuition l'objet s'impose comme quelque chose de donné et d'étranger, où le Moi se perd ? A la lumière de cette réflexion le Non Moi ne risque-t-il pas de s'évanouir ? La contradiction est purement apparente, et le Non Moi continue de s'imposer, parce que si la réflexion sur l'objet est consciente, la production de ce dernier est inconsciente. Par la libre réflexion, le Moi forme l'image et celle-ci, à cause de son origine, est un produit qui participe de la liberté inhérente à la réflexion d'où elle est née. Mais cette image, le Moi la forme d'après l'objet, et c'est à l'objet qu'il l'oppose. Or, l'objet est le produit de l'activité réelle, laquelle est inconsciente et par conséquent, il se présente comme chose donnée, comme une chose en soi. Ainsi s'explique la relation de ces deux termes ; la passion et l'action du Moi, ou encore son activité idéale et son activité réelle. Ainsi se comprend la relation de l'image à l'objet : pas d'objet, pas d'image, mais inversement pas d'image, pas d'objet.

C'est par l'image que la réflexion fait passer l'intuition de l'inconscience à la conscience.

La solution apportée, par là même qu'elle accorde encore de la réalité au Non Moi, laisse la contradiction subsister, et met de nouveau aux prises l'idéalisme et le réalisme. Pas d'image sans objet, l'image suppose la chose. On peut bien, jusqu'à un certain point, réduire la chose à l'image. En effet, l'objet qui est d'abord posé n'est pas l'objet déterminé, pourvu de qualités ; c'est le Non Moi sans détermination, le simple opposé du Moi. Si, dans la suite, il revêt des qualités, c'est grâce à la réflexion qui, en le parcourant, les découvre. L'objet ayant été primitivement posé sans qualités, celles-ci apparaissent comme étant au nombre de toutes celles que l'objet pourrait revêtir, et sont tenues pour contingentes, ce qui en fait les accidents d'une substance. Mais parce qu'elles sont effectivement attribuées à cette substance, celle-ci, à son tour, est considérée comme leur cause. Toutefois, si la réflexion a pu constituer l'image sans laquelle le Non Moi ne serait pas qualifié, toujours est-il que l'image ne se donne que comme une copie de l'objet posé et déterminé en soi. En va-t-il ainsi ? le réalisme triomphe et l'esprit n'est plus qu'un reflet des choses ; il perd sa véritable essence, sa vraie réalité. La chose suppose l'image : réduit-on complètement la chose à la représentation ? cette fois, c'est au Non Moi de disparaître : l'idéalisme a satisfaction. Dans l'un comme dans l'autre cas, il y a, non pas conciliation des termes adverses, mais suppression de l'un d'eux.

Comment donc opérer la conciliation ? Le problème semble absurde. Il exige d'une part que le Non Moi qualifié et la représentation existent indépendamment l'un de l'autre, et que, d'autre part, l'image dépende de la chose et la chose de l'image. Une solution ne pourra être fournie que s'il existe un intermédiaire, en qui l'objet et le sujet s'unissent solidairement par une rencontre contingente. Cet intermédiaire est l'acte d'attention, qui libre, et partant contingent, réalise dans l'instant *présent* l'union de l'objet et du sujet jusque-là perdu en lui. Mais l'attention implique la position de l'objet, et celle-ci à son tour requiert l'espace. Nous voilà donc engagés à déduire l'espace, après quoi il faudra déduire le temps.

3° *Déduction de l'espace.* — Cette déduction doit établir que l'espace est nécessaire à la position de l'objet. A la différence de Kant qui prouvait l'idéalité de l'objet par celle de l'espace, Fichte entreprend de prouver l'idéalité de l'espace par celle de l'objet. — L'espace possède trois caractères : la continuité, l'homogénéité, la divisibilité à l'infini. Il s'agit de faire voir que, sans un milieu qui les possède, la position de l'objet n'est pas possible.

(α) *La position de l'objet implique un milieu continu.* En effet, un objet déterminé, ou en cet objet des qualités également déterminées, excluent de celui-ci d'autres objets ou de celles-ci d'autres qualités. Or, l'objet est une substance douée d'activité et ayant, comme telle, une sphère d'activité. Pour une substance, en exclure une autre, c'est exclure sa sphère d'activité. Mais cette exclusion suppose que ces sphères ont une relation commune, faute de quoi elles seront isolées, mais non exclues. Ce rapport commun est la relation de la partie au tout. Des parties qui s'excluent doivent être en contact. Or, sans continuité pas de contact. Donc le milieu où l'objet doit être posé ne peut être que continu.

(β) *La position de l'objet implique un milieu homogène.* Supposons que le milieu où sont posées les substances qui s'excluent ait une qualité propre. Cette qualité modifiera les rapports des substances entre elles. Il faut en conséquence que le milieu où l'objet sera posé soit homogène.

(γ) *La position de l'objet implique un milieu divisible à l'infini.* En effet, s'il est vrai que l'objet est nécessairement en rapport avec d'autres substances, il est vrai aussi que la réflexion qui le pose est une activité contingente. Or la conscience, résultat de l'acte par lequel l'objet est posé, relève de l'essence formelle de la réflexion, et celle-ci rend possible une régression sans terme à l'égard d'un tout donné. Ainsi la position de l'objet requiert la divisibilité à l'infini du milieu dans lequel l'objet est posé. Nous appelons espace ce milieu continu, homogène et indéfiniment divisible. Selon l'enseignement des idéalistes, l'espace n'est qu'un rapport, la relation nécessaire de coexistence, la place des objets. Produit de la réflexion ou forme de la quantitabilité, laquelle est le principe de la division, on comprend qu'il soit la seule chose intelligible permettant de déterminer les rapports des objets entre eux et de leurs qualités entre elles.

4° *Déduction du temps.* — Placés dans l'espace dont les parties sont simultanées et en réciprocité de dépendance, les objets ont des rapports nécessaires de position, et, comme tels, sont indépendants du Moi. Mais le sujet est libre de se fixer sur tel ou tel d'entre eux. Ce choix libre est précisément l'acte d'attention en qui se réalise l'union immédiate de l'objet et du sujet. Il a lieu en un point qu'on nomme le moment présent, où l'objet arrive à l'existence pour le sujet. Le présent est l'élément générateur du temps, c'est donc dans le temps qu'a lieu la rencontre du sujet et de l'objet. Le temps est l'ordre nécessaire de la succession, laquelle implique et le présent et le passé. Il n'y a point de passé sans présent, car le passé doit être représenté actuellement. Mais il n'y a pas davantage de présent sans passé, car la conscience suppose le présent, et le présent comme tel suppose un moment où aucune autre perception que celle qui l'occupe ne soit possible. Or, c'est justement le cas du passé. C'est ce qui fait que la conscience est à la fois conscience de l'identité et de la liberté. Elle est conscience de la liberté, parce que le Moi ne se saisit que dans son opposition au Non Moi. Or, il ne s'oppose au Non Moi qu'en lui appliquant son activité idéale. Et celle-ci n'est sienne que si elle est libre, c'est-à-dire pouvant s'appliquer à n'importe quel objet. Elle est la conscience de l'identité, car un moment n'est tel moment, que parce qu'il est relié à un autre. L'identité du sujet suppose deux moments et il n'y a pas de premier moment, mais toujours un second moment pour la conscience.

L'espace est simultané, le temps est successif, aussi servent-ils à se mesurer l'un l'autre : l'espace par le temps que nous mettons à le parcourir, le temps par l'espace que parcourent régulièrement des corps en mouvement.

C'est dans le présent que, par l'acte d'attention, la libre réflexion réalise la perception en élevant à la conscience l'intuition qui jusque-là lui échappait. Mais le présent, c'est l'instant qui meurt aussitôt né. Le temps participe de cette instabilité du présent, il s'écoule. S'il n'y avait en notre esprit que des représentations successives, nous serions incapables de connaître véritablement, la connaissance supposant des objets réels, et des objets ne possédant l'existence qu'à la condition d'être fixes, permanents. Mais notre esprit a en lui une faculté apte à donner aux représentations la fixité qui leur manque. C'est l'entendement, qui transforme les images en concepts, et nous montre les objets comme existant en tous lieux et en tout temps.

La réflexion est à même de s'appliquer à ces objets auxquels l'entendement a conféré l'existence avec la stabilité. En le faisant, elle choisit à son gré tel ou tel objet, ou en lui tels ou tels caractères. Elle rapproche les caractères ou les laisse sans lien, bref elle abstrait et juge. Le jugement a besoin des concepts, mais les concepts n'ont de signification et d'usage que par le jugement, et c'est lui qui les élève à la conscience. Le jugement est la faculté formelle qui pose ou ne pose pas. Nous voici donc rapprochés encore d'un degré du Moi.

Une dernière étape reste à franchir, et le Moi n'a plus qu'à réfléchir sur la réflexion précédente. En effet, le Moi qui juge et est maître de fixer son attention selon sa préférence, est libre aussi de faire abstraction de tout objet. Saisir cette liberté, c'est pour lui s'apercevoir que son essence est indépendante des objets en général, qu'elle est pure subjectivité ou raison. La conscience de cette subjectivité n'est autre chose que la conscience même de la conscience, de la faculté de poser des objets, de se déterminer soi-même, de l'autonomie.

En cette conscience une dualité subsiste. Le sujet se détermine lui-même, et en lui se distingue ce qui réfléchit et ce à quoi s'applique la réflexion ; mais le pouvoir de réflexion étant pris ici dans toute sa pureté et comme pouvoir de produire des objets, il ne peut être lui-même un objet. Il reste que les deux termes à distinguer sont le Moi comme Liberté et comme puissance de Réflexion. Et ainsi l'histoire pragmatique du Moi nous ramène au point de départ, au premier principe en qui s'identifient ces deux éléments : la Liberté et la Réflexion.

PHILOSOPHIE PRATIQUE

La philosophie théorique a expliqué que le Moi se pose lui-même comme limité par le Non Moi ; la philosophie pratique doit faire comprendre que le Moi limite le Non Moi, c'est-à-dire pose un Non Moi qu'il détermine, ou en d'autres termes qu'il se limite lui-même par l'intelligence. Puisque l'intelligence est le résultat de cette limitation, ce n'est pas la théorie, mais la pratique qui peut rendre compte de la limitation dont il s'agit, et la question est : D'où vient que le Moi introduit en lui-même la limitation avec l'intelligence ? Le problème sera résolu si l'on découvre dans le Moi une activité qui participe à la fois de l'Infini et du fini, de la détermination et de l'indétermination. Or, une telle activité ne peut se concevoir que comme effort. L'effort est une activité finie, car il suppose une application de l'activité à un objet qui l'empêche de s'actuer immédiatement dans sa plénitude. Il est aussi une activité finie, car l'obstacle impose une limite, qui au lieu d'être fixe, recule. Mais à un effort infini, il faut un objet infini. Pour le Moi, Liberté infinie, cet objet ne peut être que cette Liberté même. En tant qu'objet de l'effort, la Liberté infinie est idéale ; c'est l'idée même de la Liberté qui est la fin à laquelle le Moi aspire, et toute l'activité de celui-ci est un travail en vue d'égaler l'activité objectivante à l'activité pure. Ainsi s'explique la production de l'intelligence ; ainsi se comprend la primauté du Moi pratique sur le Moi théorique ; ainsi enfin se définit le rapport de la science et de la morale.

La philosophie pratique, qui succède à la théorique, comporte trois grandes tâches. En premier lieu, elle doit retracer l'histoire du Moi pratique ; en second lieu, elle doit montrer comment l'acte du droit prépare la réalisation du Moi infini ; en troisième lieu, elle doit faire voir dans l'acte de la morale cette réalisation elle-même.

A. *Histoire du Moi pratique.* — Elle expose ce que fait le Moi, ce qu'il pose, de quelle manière il prend conscience de son effort et, par là, le détermine. A cet égard différents degrés sont à distinguer dans le développement du Moi. *1er degré* : Le Moi est d'abord force mécanique, simple équilibre d'énergies rivales qui exprime l'égalité de l'action et de la réaction. *2e degré* : Le Moi est force vitale. Vue du dedans par la réflexion, la force apparaît comme tendance, penchant vers quelque chose qui lui fait obstacle. Selon la rencontre, le penchant est satisfait ou contrarié, et devient sentiment. Ce sentiment est celui de la force, or, telle est précisément la vie. *3e degré* : Le Moi est conscience. Appliquée au sentiment, la réflexion le détermine, en le rapportant à l'objet et en démêlant la dualité qu'il enveloppe, celle du sentant et du senti, l'objet senti s'opposant au sujet qui le revêt de ses propres sensations. Alors apparaît la conscience avec l'instinct en quête de la réalité. *4e degré* : Le Moi est aspiration vague au changement. La réflexion sur l'instinct montre au sujet qu'il est indépendant de ses objets, et qu'aucun n'a de quoi le satisfaire ; il se met à désirer des objets sans cesse nouveaux, il est travaillé par l'amour du changement. *5e degré* : Le Moi prend pour but sa liberté. Pour se réaliser, le Moi affranchi de tous les objets prend pour fin de son effort sa liberté même, qui devient l'idéal de son activité pratique.

Mais cette réalisation implique les deux actes fondamentaux du droit et de la morale.

B. *L'acte du droit.*

a) *Déduction du concept du droit.* — L'être raisonnable, le moi fini en qui vit et se développe le Moi absolu, ne peut être pratique que s'il se pose comme libre activité, et pour le faire, il doit, après s'être opposé au Non-Moi, s'attribuer dans ce monde sensible une sphère d'activité où son énergie se déploie et devienne son propre objet. Mais ce qui caractérise l'objet c'est d'être posé comme arrêtant la libre activité du sujet. La condition assignée à la conscience de la liberté ne la contredit-elle pas, au lieu de la rendre possible? La contradiction disparaîtra si l'objet requis par cette conscience détermine le sujet à se déterminer lui-même, en lui montrant dans sa liberté, non pas quelque chose de tout fait et de réalisé, mais quelque chose qui doit être. Or, un tel objet ne peut être qu'un sujet possédant lui-même la liberté, et capable de solliciter les autres à l'acquérir. Etre homme c'est avoir conscience de sa liberté, il n'y a donc d'hommes que parmi les hommes. Dès que l'on pose l'existence d'un homme, il faut en admettre une pluralité; les hommes font mutuellement leur éducation, en s'incitant à la liberté. Si à l'origine de l'humanité on place un couple, il lui a fallu un être raisonnable qui ne fût pas un homme, comme éducateur, ainsi que l'enseigne un antique document où est renfermée la sagesse la plus profonde et la plus sublime.

Mais la pluralité des êtres libres implique un rapport déterminé qui est précisément le rapport de droit. En effet, ces êtres doivent se considérer comme distincts, opposés, et c'est cette opposition qui leur permet de susciter les uns chez les autres la conscience de leur nature d'êtres raisonnables et libres. Or, je ne puis demander à un être raisonnable de me reconnaître pour tel, que si moi-même je le traite comme tel. Mais puisque je dois me réaliser en tant qu'être libre, il faut que, dans tous les cas possibles, je demande aux autres êtres raisonnables de me tenir pour l'un des leurs, donc je dois les traiter comme des êtres raisonnables. En d'autres termes, la liberté du moi chez l'être raisonnable mais fini, n'est possible que par une limitation volontaire et mutuelle des libertés, la reconnaissance faite, au profit de chacun, d'une sphère d'activité qui lui soit propre.

Cette déduction prouve que le droit résulte, non de l'éducation ou de conventions arbitraires, mais de notre nature même d'êtres raisonnables. Elle prouve aussi que le droit, se déduisant sans recourir au devoir, est indépendant de la morale. D'ailleurs la loi morale est un impératif catégorique, la loi de droit est conditionnelle, elle est permissive : on n'est jamais obligé d'user de son droit. Il est des cas où la morale défend d'user de son droit, ce qui ne le supprime pas, mais mettrait la loi morale en contradiction avec elle-même, puisqu'en identifiant le droit à la loi morale, elle accorderait et en même temps supprimerait le droit.

b) *Applicabilité du droit.* Par le droit, chaque être raisonnable se pose comme individu, comme personne distincte des autres, parce qu'elle choisit, en vertu de sa propre spontanéité, parmi les actions possibles dans une certaine sphère d'activité, et laisse aux autres la faculté d'un choix analogue dans leurs sphères respectives. Mais cette sphère que l'individu s'attribue le limite lui-même ; par elle il devient un Moi matériel, déterminé. La sphère d'activité du moi est une partie du monde, un objet d'intuition, quelque chose d'étendu, de déterminé, de durable. Or, une chose étendue qui demeure la même dans l'espace est un corps. Le Moi ne peut être libre que s'il subsiste identique à lui-même, et il ne peut subsister identique à lui-même que grâce à sa sphère d'activité. Donc la sphère d'activité où peut se déployer la libre activité de l'être raisonnable est un corps étendu et durable dans l'espace qu'il occupe. Comme l'être raisonnable n'est cause libre que parce qu'il veut et agit d'après des fins, il faut que le corps soit capable de telles actions ; il faut en conséquence que la personne puisse, par son vouloir, déterminer immédiatement ce qu'elle veut en son corps. A toute volonté correspondra un changement dans le corps, et, à tout changement dans le corps, une volonté actuelle de la personne. Les changements du corps doivent exprimer les concepts du vouloir de l'être raisonnable. Or, la matière est indestructible ; d'un autre côté, il est nécessaire que le corps, ainsi que ses parties, restent identiques pour que le moi subsiste. Le changement aura donc lieu simplement dans les rapports des parties, c'est-à-dire dans la forme du corps. Le changement de rapport des parties constitue le mouvement : le mouvement, voilà donc le changement qui convient au corps. Il est nécessaire que le corps, comme sphère d'activité de la volonté, puisse par ses mouvement effectuer à l'infini des actions suivant la finalité. C'est ce qui aura lieu si chaque partie du corps a un mouvement propre, qui soit infiniment variable et susceptible d'être réalisé, alors que les autres parties sont en repos. Le corps sera donc constitué de telle sorte qu'il dépende de la volonté qu'une partie soit plus grosse ou plus petite, contractéeou relâchée, etc. Cette constitution se réalise dans l'organisation et l'articulation. Si la personne ne peut se poser comme telle qu'à titre d'individu, elle ne le peut aussi qu'à la condition qu'une action soit exercée sur son corps, laquelle empêche une action possible et qui demeure possible. Or, toute action de la personue est une certaine détermination du corps articulé. Il faut donc qu'une certaine détermination du corps articulé soit empêchée, tout en restant possible. Mais elle ne peut être posée comme possible, que si elle est représentée comme telle. La personne se représentera cette possibilité quand elle concevra que l'action aurait pu être produite si elle ne s'était pas retenue de l'effectuer, ce qui implique au-dessus des organes d'exécution et de mouvement, des organes supérieurs, des centres sensibles. Le corps sera donc animé et sensible. Enfin, le corps doit porter dans sa souplesse, sa facilité à être façonné, éduqué, achevé, la marque de la Liberté et par là différencier l'homme de la plante et de l'animal.

Tous les caractères du corps qui viennent d'être énumérés font de lui le phénomène du Moi. Le corps est la première condition de l'applicabilité du droit. Il en est une seconde, la contrainte, sur laquelle nous aurons à nous étendre, en traitant de l'application du droit.

c) *Application du droit.* — L'application du concept du droit amène la division et l'exposition des différents droits.

Il en est de primordiaux et de dérivés. *Droits primordiaux.* — Ce sont les droits qui dérivent de la nature physique de l'homme, c'est-à-dire de la personne comme Liberté se traduisant par l'intermédiaire du physique. Logiquement antérieurs à la société, ils sont supposés avoir existé en fait avant elle, et avoir été alors exempts des limitations qu'elle entraîne. Leur principe est l'existence même du corps, à la fois œuvre, expression et condition de la Liberté du Moi. Ce sont 1° l'existence et la liberté du corps sans lequel le moi ne pourrait agir physiquement dans le monde sensible, d'après la connaissance des effets possibles de son mouvement et de celui de la chose sur laquelle il agit, et dont la durée est requise par l'accomplissement des actes nécessaires à l'obtention des fins que poursuit la volonté. 2° La propriété, car le corps a pour destination l'accomplissement des fins de la volonté, et cet accomplissement exige l'usage exclusif de certains objets matériels, — ce qui légitime la propriété à la fois par l'action ou le travail qui donne une forme aux choses, et la Liberté qui subordonne les choses à ses fins. Tout homme a le droit de devenir propriétaire, c'est-à-dire d'avoir le moyen d'acquérir une propriété.

Droits dérivés. — Tout rapport de droit est régi par la règle : *Que chacun limite sa liberté pour rendre possible la liberté d'autrui.* Cette règle ne détermine pas la quantité de liberté que chacun peut garder et qui devra servir à décider si les autres ont outrepassé ce qui leur revient. Cependant si le principe est vraiment applicable, la seule conception de la liberté d'autrui doit indiquer la limite. En effet, sans la connaissance de la liberté d'autrui, ma liberté reste infinie ; dès que je connais une liberté étrangère et que je veux vivre avec elle sous la loi de droit, il faut que je limite moi-même ma liberté en vue de cette liberté étrangère. Celle-ci doit faire de même. Ainsi la mesure est l'égalité des libertés. Tout homme qui perçoit le corps d'un de ses semblables ne peut le traiter comme une chose à subordonner à ses desseins, mais, au contraire, lui accorder les objets qu'il pourra approprier à ses fins. Quels sont ces objets? Des signes de reconnaissance sont nécessaires, sans quoi la lutte serait inévitable ; or, devant vouloir le droit, je dois vouloir sortir de mon état d'ignorance et d'incertitude à l'égard de ces objets. Seule la déclaration de propriété rendra possible le droit et avec lui la sécurité.

Mais les déclarations de propriété peuvent être conciliables ou incompatibles. En cas de conflit, ou bien leurs auteurs concluront un accord, ou bien chacun maintiendra ses prétentions. Deux moyens de trancher le différend sont possibles : la lutte ou le recours à un arbitre. Le premier étant contraire à l'état de droit, le second s'impose. Un accord vaut pour le présent, mais qui garantit que dans l'avenir les conventions seront tenues? Si les conventions impliquent la confiance qu'elles seront exécutées, elles ne prouvent pas qu'elles le seront en fait. Ainsi ce qui devait garantir la volonté de se soumettre à la règle du droit implique cette volonté même. La confiance et la fidélité réciproque ne dépendent pas de la règle du droit; elles ne se laissent pas forcer. Il n'y a pas moyen non plus d'empêcher l'expression de la méfiance, car pour cela je devrais obliger celui qui se méfie à renoncer à toutes les précautions qu'il prend pour sa sûreté, à abandonner sa liberté et ses droits. Ce serait là le rendre esclave. D'un autre côté, la bonne volonté ne peut pas être exigée, car elle est tout intérieure et morale. Or, le droit est indépendant de la morale : il y est question non de moralité mais de légalité. On ne peut pas davantage songer à une disposition qui empêche les actions illégales par le jeu d'une force mécanique de la nature, parce que l'homme est libre, qu'il est capable de surmonter ou de tourner toute force de ce genre, qu'il deviendrait une simple machine, et qu'enfin, dans le domaine du droit, il se trouverait qu'il n'est pas tenu compte de sa liberté. Il faut que la volonté soit amenée d'elle-même à s'abstenir de vouloir les actes contraires au droit. Ce résultat sera obtenu s'il existe une disposition telle, que la mauvaise volonté et les actions qu'elle fait produisent tout le contraire du résultat auquel elles tendaient. En effet, l'être raisonnable veut une chose déterminée et repousse son contraire. Si, voulant une chose, il en amène une contraire, sa volonté se nie et cesse de vouloir la première, justement parce qu'elle répugne à la seconde. La disposition dont il s'agit est la coercition. La confiance et la fidélité l'exigent comme la règle du droit les exige elle-même ; donc elle est légitime.

L'exercice de la coercition requiert la force. Quelle sera cette force? Destinée à rendre possible la réalisation d'un concept posé par une Liberté absolue, celui de la limitation des libertés, la force dont il s'agit résultera d'un contrat. Les contractants conviennent d'appliquer la contrainte à celui qui blessera les droits de l'autre. Mais l'agresseur, par là même qu'il est l'agresseur, ne pourra repousser sa propre agression sans se contredire. Tout au plus pourrait-il promettre de ne pas s'opposer à la coercition, et cela même est encore contradictoire, car il tend à conserver ce qu'il possède. D'ailleurs comment croire que la personne qui n'a pas tenu sa parole observera le contrat ? D'un autre côté, si celui qui a été lésé se fait justice à lui-même, qu'est-ce qui assure qu'il n'outrepassera pas les besoins de sa défense, qu'il sera loyal, impartial, sage dans ses revendications et représailles ? Le contrat ne serait réellement réalisable que si la mesure de la force était celle du droit. Cela n'arrive que dans l'État. Il n'y a pas de droit de nature, mais l'état de société est l'état de nature, et ce que l'on pensait perdre d'un côté, on le retrouve de l'autre.

Antérieurement à la moralité, chacun subordonne la fin commune ou sécurité mutuelle, à sa fin propre, ou sécurité personnelle. La volonté qui exerce le droit de coercition ne doit pas être disposée de la sorte. Le problème est celui-ci : trouver une volonté qui ne puisse être que la volonté commune, qui unisse synthétiquement en soi la volonté particulière et la volonté générale. Or, toutes les volontés s'accordent en ce point qu'elles veulent la sécurité des droits de tous. Il faut que cet accord devienne quelque chose de réel en vertu d'une libre détermination, qu'il s'exprime dans le monde sensible par un acte précis, perceptible à un moment déterminé. Cet acte est le contrat social. Il faut que cet accord subsiste, soit établi pour l'avenir, qu'il se traduise dans la loi, qu'il définisse les limites des droits (législation civile), les peines auxquelles s'exposent les transgresseurs (législation pénale), qu'il soit accompagné d'une force supérieure à celle des individus, la force publique et le pouvoir exécutif au sens large du mot

Mais on conçoit comme possible un abus de la loi aboutissant à l'oppression. Il faut que chacun comprenne que sa sécurité est menacée par cela même que celle d'autrui l'a été dans un cas donné. La loi traduira cette conviction en prescrivant qu'aucun dommage nouveau ne sera puni tant que les dommages antérieurs ne l'auront pas été. Toutefois il ne faut pas que la foule soit elle-même chargée d'exécuter la loi. D'abord qui l'y forcerait ? Et puis elle ne peut être à la fois juge et partie. La démocratie pure est absurde, le gouvernement doit être représentatif. Quelle que soit la forme de celui-ci, que la puissance publique soit confiée à un seul ou à plusieurs, et que le choix de ses membres ait lieu d'une façon ou d'une autre, il doit représenter la volonté commune, et rester responsable devant elle. La communauté surveillera le gouvernement, son administration par l'intermédiaire de l'*éphorat*. L'éphorat est une puissance absolument négative à côté de la puissance positive. Il a droit de contrôle et d'interdit. Il décide s'il y a lieu de consulter le peuple, de traduire l'exécutif devant lui, mais il ne peut lui-même faire aucun acte relevant de l'exécutif, non plus, que s'opposer à l'exécutiondes sentences de ce dernier : si délicat et si important est les rôle des éphores, que les précautions les plus minutieuses seront prises pour assurer l'indépendance morale de ses membres et leur responsabilité.

La constitution a pour objet de faire exécuter le contrat social. Ce contrat est un contrat de propriété ; un contrat de protection destiné à garantir le premier ; un contrat d'association qui assure la réalisation du second, institue la communauté sociale, laquelle contraint les individus à tenir leurs engagements par la force dont elle dispose. En entrant dans l'Etat, l'individu ne s'annihile pas, mais au contraire multiplie sa puissance par celle de ses associés ; aussi bien, le contrat lui permet de conserver quelque chose, sans quoi il serait contradictoire. Il est vrai que le citoyen consacre une partie de ses fonds, de ses services, de ses produits à l'Etat, mais il ne se soumet qu'à la loi, qui représente la volonté stable des membres de l'Etat, et est la cause première du contrat social.

C'est autour du droit de propriété que tournent la législation civile et la législation pénale. Fichte déduit minutieusement les détails de cette législation. Nous en signalerons seulement quelques traits : le droit au travail, à l'assistance, fondé sur ce fait que celui qui ne peut ni manger ni boire n'est plus lié envers les autres, le droit pour la société de forcer les citoyens à travailler. Comme la vie suppose la production des choses qui lui sont indispensables, la fabrication des instruments utiles ou nécessaires à l'activité, le commerce, l'Etat exercera une surveillance en vue d'empêcher l'indigence ; il établira des magasins pour faire concurrence aux particuliers, usera d'une double monnaie, papier pour l'intérieur, or ou argent pour l'extérieur. — En ce qui concerne la législation pénale, la peine, abstraction faite de la moralité. est conçue comme un moyen, non d'expiation, mais de réparation, (principe du talion), de correction (la prison temporaire doit ramener au respect de la loi le citoyen qui l'a violée). Si toute chance de retour au bien est impossible, l'Etat prononcera, non la *peine* de mort mais la *suppression*, ce qui arrive dans le cas de l'homicide.

Les principes du droit trouvent leur application dans des sociétés qui existent indépendamment de l'Etat : la famille et les nations. La famille est d'institution naturelle ; elle résulte du mariage, qui a pour fin la propagation de l'espèce humaine à laquelle porte un instinct spécial que l'amour voile chez la femme. Union essentiellement morale entre deux personnes, le mariage ne requiert pas de conditions légales. L'Etat n'intervient que dans celles des unions que les contractants lui font connaître, et cela, pour protéger la liberté de la femme, pour exiger le divorce quand la femme a commis l'adultère, ou forcer le séducteur à épouser la femme séduite. Dans la famille, l'enfant n'a pas de droits proprement dits, parce qu'il n'est pas encore une libre personne. Mais l'État a droit sur lui, comme sur un futur citoyen, et il intervient pour exiger que l'instruction qui convient à un citoyen lui soit donnée, et quand celle-ci est achevée, pour assurer ses moyens d'existence.

Les nations sont indépendantes les unes des autres et, ne formant pas de communauté, sont sans relations de droit. Il faut établir un droit international, travailler à supprimer la guerre, la remplacer par l'arbitrage, faire des traités. Aucune nation n'a le droit d'empêcher les autres de s'unir. Toutes doivent constituer des confédérations de plus en plus étendues.

C. — *L'acte de la morale.*

a) Déduction du principe de la moralité. — Le point de départ est le fait suprême de la conscience morale, l'obligation de faire ou ne pas faire, absolue, indépendante de toute considération de fins extérieures. On peut se contenter de constater ce fait, ainsi que ses exigences particulières, à l'exemple de Kant. On peut aussi en chercher l'explication et le déduire. Cette déduction consiste à montrer dans la loi morale la condition nécessaire à la réalisation de la Liberté du Moi, la loi de la Liberté qui se tire de la Liberté elle-même. Une telle déduction suppose la conscience de ce qu'est notre Moi absolu. Or, ce Moi c'est l'essence de l'esprit, c'est l'être raisonnable. Si la conscience discerne en lui l'objet ou pure spontanéité et vouloir d'avec le sujet ou réflexion, les deux termes n'en font qu'un. Comprendre cette identité, c'est comprendre que le Moi, comme autonomie et spontanéité, n'est que ce qu'il fait lui-même, qu'il pose sa propre réalité ; qu'il se fait son propre objet, ce qui lui est possible précisément parce qu'il est spirituel. Mais pour être à même de poser son existence à titre d'objet, il faut que le Moi soit avant cette position, et indépendamment d'elle. Or, exister et appeler à l'existence, pour un être intelligent, c'est opérer par des concepts, c'est être libre. Toutefois en se posant comme existence, la Liberté se pose comme essence et par conséquent comme nécessité. Il faut maintenir les deux termes : Liberté et Essence ou nécessité. Le maintien n'est possible que si la nécessité n'est rien de plus que la loi de se poser comme réalité devant se déterminer soi-même. Ainsi dans le concept de l'intelligence nous trouvons deux choses : le pouvoir ou activité, et la loi de se servir de ce pouvoir qui est l'impératif catégorique ou moral. En d'autres termes, la Liberté détermine l'être, et l'être détermine la Liberté, parce que la Liberté est à elle-même sa loi. Ainsi doit être entendue la preuve de notre Liberté par la loi morale. Ainsi doit se comprendre la primauté de la raison pratique. La raison pratique est supérieure à la raison théorique par sa praticité. Cette praticité se reconnait à une triple expression : l'adhésion à la loi morale en bloc, l'application de la loi aux cas particuliers, la détermination du contenu de la loi, qui ne peut être que la Liberté elle-même comme fin.

b) *Applicabilité de la loi morale.* — La loi morale vise, non ce qui est, mais ce qui doit être, un idéal auquel rien ne correspond hors de nous, et qui n'est autre que l'Infini. L'Infini ne peut jamais être réalisé, aussi le commandement qui s'impose à moi est de travailler à m'en rapprocher sans cesse. Comme je ne puis faire rien de rien, il faut que je trouve quelque chose à quoi je puisse appliquer mon activité, et qui soit susceptible d'être modifié par ma Liberté. Ce sont les mouvements que je suis maître de produire ou de ne pas produire, et grâce auxquels je suis capable de changer l'état du monde d'après des concepts. Cet exercice de la Liberté au sein du monde implique deux grandes conditions — *une condition externe :* Aucun être raisonnable ne peut s'attribuer un pouvoir de Liberté sans concevoir un objet sur lequel il s'exerce librement ; la preuve c'est que sans la conception de plusieurs actes déterminés à titre de possibles, il n'y a pas conscience de la Liberté. Or, nul moyen de concevoir que des actes soient possibles, si l'on n'admet pas hors de soi un terme d'application de son activité, quand ce ne serait que la matière indéterminée — *une condition interne* : Aucun être raisonnable ne peut s'attribuer un pouvoir de Liberté, sans expérimenter en soi cette Liberté, c'est-à-dire sans saisir en soi un libre vouloir. En effet, l'idée de ce pouvoir est la représentation idéale de cette Liberté. J'ai l'intuition de mon activité comme objet parce que c'est un certain quantum d'activité : je l'appelle mon vouloir. Or, ce vouloir n'est un vouloir, et *mon* vouloir, un vouloir immédiatement perçu, qu'en tant que l'activité a son fondement en moi. Cette détermination est nécessairement fondée sur ma pensée, puisque, hors de mon vouloir, il n'y a que ma pensée, et que tout ce qui est objectif se tire de la pensée. Il s'ensuit que mon vouloir est, comme tel, perçu aussi certainement que sa détermination est pensée.

Le monde n'étant que la limitation de notre activité, notre activité sur le monde consiste à reculer sa limite. L'unique théâtre de la moralité est donc le monde sensible, et comme les objets n'existent que par notre intelligence, la moralité consiste à agir sur les objets de notre pensée. Objecte-t-on que si les objets supposent l'activité, l'activité à son tour suppose les objets et qu'il y a cercle vicieux ? Il est aisé de sortir de ce cercle en se rappelant que dans la conscience, — non de réflexion mais de sentiment — activité et pensée ne font qu'un et que l'objet et la connaissance sont unis synthétiquement.

Ce sentiment en qui se confondent l'objet et la connaissance est l'instinct. Dans l'instinct, la Liberté n'apparaît pas encore : objectivement je suis attiré, subjectivement je suis sentant. Toutes les tendances englobées sous le nom général d'instinct constituent ce qu'on appelle nature, laquelle n'agit pas plus sur la Liberté que la Liberté ne la produit. Si je m'attribue à la fois la Liberté et l'instinct, c'est que ma substance possède l'un et l'autre. Mais la nature n'existe pas seulement en moi, elle existe aussi hors de moi, où elle est la matière nécessaire à l'application de mon activité s'exerçant pour atteindre des fins. En tant qu'elles sont des *natures*, ces deux natures se ressemblent, mais *ma* nature diffère de la nature étrangère. Qu'est-ce qui explique ma nature ? Ce n'est pas la causalité mécanique, simple transmission de force d'éléments à éléments, dans une série sans première cause. Ce n'est pas non plus la causalité par concepts ou Liberté, car cette nature m'est donnée. Ma nature est spontanéité. L'instinct ne vient pas de l'extérieur, il n'y va pas : c'est une fonction que le sujet exerce intérieurement sur lui-même. On ne le conçoit que par la détermination autonome. Intermédiaire entre la causalité mécanique et la Liberté, l'instinct est lié à l'organisation, que caractérise la dèpendance réciproque des parties et du tout. Le tout organisé que nous sommes tend à se conserver, à maintenir l'union de ses parties, à vivre, mais d'une vie déterminée. C'est l'instinct qui spécifie ses objets et non pas eux qui le spécifient. La réflexion sur l'instinct crée l'appétit, le sentiment du besoin de quelque chose d'absent ; elle nous apprend qu'il dépend de nous de donner satisfaction à l'appétit ou de la lui refuser. De la réflexion sur l'appétit et ses objets naît la faculté de désirer l'appropriation d'objets, qui porte à établir un certain rapport entre eux et notre corps. Mais je ne puis être libre que si j'ai conscience de ma Liberté ; je n'ai conscience de ma Liberté que si je suis capable de me déterminer entre des contraires. Je ne puis me déterminer entre des contraires que si j'ai une tendance à le faire, à déterminer moi-même la matière de mon activité. Lorsque je cherche à satisfaire l'instinct, j'aspire au bonheur, la réflexion sur cette aspiration crée en moi la Liberté formelle. Il faut qu'à cette Liberté *formelle* s'ajoute une Liberté *matérielle*, qui opère autre chose que ce qu'avait fait l'instinct. Cette Liberté matérielle naît d'un penchant à la Liberté, penchant pur. Le penchant ou instinct naturel est accidentel. Il est nécessaire qu'il soit, mais non qu'il soit comme il est. Le penchant pur est essentiel à l'être raisonnable, ses conséquences valent pour tous les êtres doués de raison. L'instinct nous laisse dans la nature, le penchant pur nous élève au-dessus d'elle, il exige que nous la méprisions, que nous nous respections nous-mêmes ; il nous confère une dignité qui nous rend supérieurs à la nature, et nous procure, non pas la jouissance, mais le contentement de nous-mêmes.

Le penchant pur à la Liberté est en opposition avec

l'instinct naturel ou de jouissnnce. La moralité consistera-t-elle donc à s'abstenir de faire ce qu'exige la nature, — ainsi que l'ont soutenu les mystiques de toutes les époques? Ceux-ci ont raison de dire que le moi doit se perdre en Dieu, leur tort est de croire que cela soit possible dès maintenant, c'est-à-dire dans le temps. Je dois me poser comme libre, donc poser ma Liberté comme quelque chose de positif, c'est-à-dire comme principe d'une activité réelle, et non d'une simple abstention. Je dois, dans la réflexion, rapporter à moi-même une détermination du vouloir. Or, tout vouloir réel va à quelque action, et l'action suppose des objets. Mais je n'agis sur les objets de la nature que par la faculté dont la nature m'a fait don, et cette faculté c'est l'instinct. Il résulte de là que toute objectivation immédiate de la volonté est empirique, que c'est une détermination de ma faculté sensible, laquelle n'est permise que parce qu'elle est exigée par la nature. Faudra-t-il donc dire que toute fin se réduit pour nous au contentement d'un instinct de la nature? Ceci ruinerait, non pas la tendance à la Liberté matérielle, mais sa causalité. Il ne resterait plus que la Liberté formelle. Quoique je ne fasse pas tout ce que demande l'instinct, je ne fais jamais que ce qu'il demande. Mais la causalité de la Liberté ne peut être supprimée, car je ne me pose que par elle.

Comment lever la contradiction? Il faut que dans une même action la matière de l'activité réponde aux deux tendances, inférieure et supérieure, de notre être. L'une nous porte à nous renfermer dans la nature, l'autre à nous affranchir d'elle et nous lance vers l'infini. Une action lui est conforme, lorsqu'elle fait partie d'une série par la poursuite de laquelle le Moi peut devenir libre. Comme le Moi en tant que Moi ne saurait jamais réaliser l'infini, l'action signalée est donc telle qu'elle nous rapproche de l'infini. Dira-t-on que l'infini étant inaccessible, il est contradictoire de le poursuivre? Oui, si on le conçoit comme chose matérielle l'infini est inaccessible. Mais il s'agit d'une idée, c'est-à-dire d'un idéal. La loi est de reculer la limite, de réaliser le progrès, lequel est calculable à partir du point de départ. C'est là notre destinée. La loi morale peut donc s'exprimer en cette formule : Réalise ta destinée. Or, il y a à chaque instant, pour tout homme, une action à la fois conforme à la nature et a la tendance pure, et c'est celle-là que le devoir ordonne d'accomplir.

L'action implique une raison d'agir. On appelle intérêt ce qui à rapport à la tendance. L'instinct est objet de sentiment immédiat, et l'intérêt pour quelque chose est le sentiment immédiat de l'harmonie et du désaccord de cette chose avec l'instinct. Dans l'instinct, ce que nous sentons c'est nous-mêmes ; donc l'intérêt pour quelque chose revient au sentiment de l'harmonie ou du désaccord avec nous-mêmes.

La tendance inférieure,ou instinct naturel,nous donne le sentiment de l'accord du réel avec ses exigences, sentiment qui se traduit par le plaisir. La tendance supérieure de notre être, la tendance pure, nous porte à l'action pour l'action, et résulte pour le Moi de l'intuition de son pouvoir. Le Moi ne désire pas quelque chose, il pose le commandement de faire quelque chose. Lorsqu'il exécute le commandement, il y a en lui harmonie entre le sujet de la tendance et l'agent, approbation, sentiment de satisfaction ; lorsqu'il s'abstient d'exécuter, le contraire a lieu. Sans doute, nous n'avons ici affaire qu'à l'action, soit comme ordre de faire, soit comme exécution, mais l'harmonie des deux n'est pas une action, c'est un sentiment qui accompagne l'activité, et voilà pourquoi il y a satisfaction de nous-mêmes. L'accord du réel avec la tendance naturelle ne dépend pas de la Liberté du Moi, aussi quand elle existe apporte-t elle le plaisir. Au contraire dans la satisfaction de soi-même, le Moi est le fondement de l'agrément ressenti. Pour la même raison, quand le Moi n'a pas lieu d'être satisfait de soi, la souffrance est remords. Nous ne supporterions pas le remords, si le fait même que nous l'éprouvons ne témoignait que nous sommes capables de nous relever. On appelle *conscience* ce qui produit la satisfaction de nous-mêmes ou le remords ; mot bien choisi, car elle nous donne la conscience de ce qu'il y a de meilleur en nous et de notre idéal.

c) Application de la loi morale. — L'application de la loi morale entraine trois sortes de questions : détermination des conditions formelles, des conditions matérielles et exposition du détail des devoirs.

1° *Conditions formelles.* — Agir moralement c'est agir pour me rendre libre, c'est-à-dire déterminer moi-même mon action, au lieu de la laisser déterminer par l'instinct. La règle est : *agis d'après ta véritable conscience.* Cette règle signifie d'abord que je dois avoir une conviction véritable et par conséquent chercher à la former, puisque je dois me comporter d'après ses prescriptions. Mais si ma conscience me trompe ? Une conviction véritable est une conviction stable, encore est-il que c'est une conviction actuelle qui représentera ma conviction stable. Un critérium de la rectitude de la conviction est donc nécessaire. Puisque je dois avoir une conviction absolue, c'est qu'une telle conviction est possible. Ce sans quoi il n'y aurait pas de devoir est absolument vrai, donc la conscience est infaillible. Notons bien que par là aucune valeur théorique ne lui est attribuée ; c'est toujours la raison théorique qui se prononce en matière de vérité ; la conscience morale se borne à fournir la vérité morale, la forme de la moralité, à nous assurer que nous agissons d'après notre véritable conviction. Cette assurance nous l'avons quand nous avons le sentiment de l'harmonie entre notre Moi fini et le Moi infini.

Théoriquement cette conscience pourrait se réaliser tout d'un coup ; en fait, elle est précédée d'un long développement de notre être. Nous débutons par l'égoisme de l'instinct ; en se mettant au service de cet instinct, l'intelligence crée l'amour du bonheur. L'activité devient ensuite amour de la volonté pour elle-même, de la volonté formelle avec son cortège d'ambition et de besoin de domination, qui rendent possible un désintéressement relatif, comme on le voit chez ceux qu'on appelle les héros, enfin l'activité devient amour de la liberté matérielle, de l'affranchissement du Moi.

Une fois créée, la conscience peut s'obscurcir, s'éclipser, se tromper soit sur la loi, soit sur son application ; elle laisse subsister le mal. Le mal est la suite de la dualité de notre être, de la coexistence en nous de la nature sensible et de la nature suprasensible, de l'instinct et de la Liberté. Il est possible que nous prenions l'instinct pour guide au lieu de suivre la raison, que nous asservissions l'homme intelligible au sensible ; il est naturel, et pour ainsi dire fatal, que nous commencions par le mal, car le premier objet que nous saisissions est notre corps, et nous avons une disposition à persévérer dans notre état primitif, ce qui constitue la paresse ou péché originel. Comme l'effort est pénible, un deuxième défaut accompagne bientôt la paresse, à savoir : la fausseté, le mensonge, la disposition à accepter l'esclavage, la soumission de l'esprit, dussions-nous nous en venger au moyen de la ruse.

2° *Conditions matérielles.* — Les conditions matérielles sont au nombre de trois : le corps, l'intelligence, la société. Le *corps* représente ce qui est d'abord réalisé en nous, et la disposition à la Liberté. Nous devons le conserver, l'assouplir, en faire l'instrument de la volonté. Il est interdit d'en tirer la jouissance pour la jouissance ; le plaisir ne doit être qu'un moyen d'exciter les facultés. L'*intelligence* est l'instrument de la loi morale. Il s'agit de la développer en tous sens, de rechercher la vérité pour elle-même, c'est-à-dire de ne pas se donner d'avance de cause à défendre ; toutefois l'ensemble de nos méditations sera subordonné à la morale. La *société* est la condition indispensable du vrai but de la moralité, qui est le règne de la Raison. Parce que cette tâche ne peut être exécutée que librement, la société sera composée d'hommes libres, et n'existera que par la Liberté. De là le devoir de vivre en société, de se faire une conviction que l'on partage avec les autres, c'est-à-dire de constituer une Église, communauté d'hommes ayant la même idée de notre destinée, et l'exprimant dans un symbole moral et aussi pur que possible. Au dessus de l'Église est l'Université, où règne l'entière liberté d'opinion, et s'exerce le devoir de communiquer ses convictions personnelles.

3° *Détail des devoirs.* — Le détail des devoirs s'expose commodément en rangeant ceux-ci d'après l'objet et le sujet. La considération de l'objet est celle du moyen ou de la fin ; celle du sujet est celle de l'homme pris en général, ou dans une situation particulière. A la première classification correspond la division des devoirs conditionnés ou inconditionnés, à la seconde celle des devoirs communs et des devoirs d'Etat. Ces deux divisions s'entremêlent. *Devoirs conditionnés* (relatifs à ce qui est moyen) : devoirs communs. Conserver sa vie ses facultés physiques (interdiction du suicide, de l'ascétisme, ordre de cultiver le corps, qu'il faut d'ailleurs savoir sacrifier, si la moralité l'exige. Devoir spécial. Choisir une profession, suivre sa vocation providentielle. *Devoirs inconditionnés* (relatifs à la fin, qui est le développement de la raison générale : Devoirs communs, conserver, respecter la liberté chez les autres dans sa *forme* (interdiction de l'esclavage, du meurtre, de la torture qui empêchent autrui d'agir sur son corps, laisser aux autres leur liberté d'action (défense de les tromper, ordre de les instruire ; leur laisser la propriété (ordre d'acquérir et donner la propriété à autrui, bienfaisance (qu'il ne faut pas confondre avec l'aumône) ; dans *sa matière* : amener les autres au bien par les bons exemples. Devoirs spéciaux. *Etat naturel*, famille, devoir de se marier, interdiction du concubinage. Les parents donneront l'éducation à leurs enfants. Les enfants seront obéissants et respectueux. *Etat artificiel*. Les savants se conduiront comme dépositaires et archivistes de la science : professeurs, ils parleront clairement, d'une manière vivante ; écrivains, ils se souviendront qu'ils sont les promoteurs de la science, et le souci de la clarté n'ira pas contre l'originalité de leur pensée. Les artisans dans les classes inférieures comprendront l'importance de la science pour l'art et l'industrie. Classes inférieures et supérieures se respecteront mutuellement, car elles sont également nécessaires. Les détenteurs du pouvoir maintiendront la Constitution et feront effort pour que les peuples réalisent progressivement l'idéal.

Cette morale de Fichte (1) est semblable à celle de Kant

(1) X. Léon, p. 324 et s.

et elle en diffère profondément. Elle en diffère, car au lieu de fonder le droit sur le devoir, elle voit en lui la condition de la moralité ; au lieu de chercher la fin suprême dans l'individu, elle la cherche dans la société ; elle est sociale ou socialiste ; au lieu de sacrifier, — théoriquement au moins, — le corps, elle le sanctifie par là même qu'elle sanctifie la nature ; au lieu de conclure le devoir du fait de la Liberté, elle le déduit, l'explique et passe sans difficulté du Moi empirique au Moi pur, parce que le Moi pur sort de l'empirique, grâce à la réflexion, et que le Moi pur est déjà impliqué par le Moi pratique, fondement et but idéal de notre conscience. Elle lui ressemble cependant, et ce sont des idées kantiennes que Fichte a interprétées et développées d'une façon originale. Kant en effet avait déclaré que la conciliation de la nature et de la Liberté serait concevable si l'on admettait l'immortalité de l'âme et l'existence de Dieu. Il avait montré que la réalisation de l'idéal moral ferait de la société des hommes le règne des fins, la communauté des saints.

Ce qui pour Kant était une simple conception est devenu pour Fichte une réalité. L'idéal est le but de notre conduite ; c'est sur la terre et par l'action de l'homme que doit se réaliser et se réalise la cité idéale.

PHILOSOPHIE RELIGIEUSE

La moralité se suffit à elle-même, et cependant le but que le devoir assigne à nos efforts, à savoir le triomphe de la Raison dans la communauté des saints, dépasse de toute son infinité les bornes nécessaires de notre conscience individuelle. De là le besoin de la religion. Fichte s'est toujours intéressé aux idées religieuses. Au début de son activité philosophique, c'est la religion positive qui l'occupe dans sa *Critique de toute révélation*. Inférieure à la religion naturelle, parce qu'elle implique la croyance au miracle, laquelle est inacceptable pour quiconque est convaincu de la nécessité des lois de la nature, la religion positive est cependant, selon lui, légitime à deux conditions : la première c'est que son enseignement soit rigoureusement moral et favorise la moralité ; la deuxième, c'est qu'elle s'adresse à des personnes auxquelles leur mentalité rend le miracle admissible. Dans la période d'Iéna, pour réfuter l'article de Forberg qui réduisait la religion à une pure superstition, il montre que si la foi religieuse est d'ordre moral, elle n'en est pas moins nécessaire. En quoi consiste-t-elle donc ? Notre devoir est de travailler à l'avancement de la Raison dans le monde par des actions dont nous ignorons les conséquences. Nous ne nous y résoudrons que si nous croyons à l'existence d'une loi supérieure qui fasse converger les résultats des actions bonnes, les accumule, alors que les actions mauvaises se neutralisent et se détruisent. Cette foi est un ordre vivant, non pas tout fait, mais qui se réalise : *ordo ordinans, non ordinatus*. La foi à cet ordre, voilà la religion. Quelques-uns crient à l'athéisme, parce que, dans cette conception, le divin remplace Dieu qui n'est pas défini comme une substance, ainsi qu'aime à le faire le dogmatisme. Mais si l'on prétend se faire de Dieu une idée indépendante de la moralité, c'est alors que l'on aboutit à le nier ! La moralité laissée de côté, il n'y a en nous que l'être sensible, qui s'intéresse à la seule jouissance. Or c'est la matière qui nous procure la jouissance. Le dogmatisme appelle l'eudémonisme, qui à son tour se contente du matérialisme, et finit par échouer dans l'athéisme.

A la fin de sa carrière philosophique, Fichte renouvelle sa conception de la religion, parce que l'idée qu'il se fait de Dieu s'est elle-même sensiblement modifiée, Dieu ne paraît plus être pour lui la Liberté infinie seulement en puissance, et qui travaille à se réaliser dans le monde, et par lui. Il semble que la Liberté à laquelle s'identifie la Réflexion soit, au sommet des choses, la divinité pleinement actuée en soi et vivant de sa vie propre. Quant à nous, nous consommons la vie morale par l'amour de ce Dieu et l'aspiration à nous reposer en lui. Telle est la conception de la religion qui fait le fond de l'ouvrage capital : *Méthode pour arriver à la vie bienheureuse*, et l'on comprend qu'en suivant l'exposition de la théorie, les interprètes aient parlé d'une seconde philosophie de Fichte. C'est sur cette conception qu'il convient d'insister.

Dieu est posé comme l'être par excellence, l'être en plénitude et sans restriction. Or, il y a identité foncière, malgré la diversité des mots qui les expriment, entre ces choses que nous nommons : amour, vie, bonheur, pensée. L'être, c'est-à-dire l'existence ou l'être non pas enveloppé et caché en lui-même, mais révélé et manifesté, est l'amour : car c'est l'amour qui, pour ainsi parler, partage en un être double l'être mort en soi, et, le mettant en face de lui-même, crée en lui le Moi, la personne, et avec elle la conscience de soi. L'amour est la vie. Grâce à lui, l'unité, d'une manière tout intime, s'accorde avec la dualité au sein du Moi, et rend possible une contemplation pleine de chaleur et d'intérêt. La vie est le bonheur, puisqu'elle est satisfaction et jouissance de soi-même. Le bonheur enfin doit être défini, non pas par la sensation grossière ou le sentiment, même élevé et mystique, lesquels sont toujours accidentels, ou par la vertu entendue à la façon vulgaire comme administration régulière d'un emploi dans le monde, mais par l'activité de l'esprit, la foi, selon l'expression du christianisme, la pensée. Seule en effet la pensée, la pure flamme de la connaissance entièrement transparente à elle-même, atteint, saisit l'Etre qui est de soi et par soi, l'Etre un, éternel, immuable, Dieu ; seule elle montre en la divinité, l'Infini qui se manifeste dans le fini, le principe de la connaissance, de la vie, du bonheur, de la paix chez les individus. Dès lors, il va de soi que la vie véritable consiste à aimer Dieu, l'Infini, l'Immuable, l'Etre perpétuellement identique à soi ; à l'apercevoir à travers le variable, à nier que le divers et le contingent existent réellement ; et le bonheur véritable consiste à se montrer et à se reposer en son unité.

Mais outre la vie véritable il y a une vie apparente dont le principe est la concupiscence innée à notre être, et qui nous porte à nous abandonner à la diversité, à nous disperser dans la variété. Elle a la réalité de l'apparence, et n'est possible que par une sorte de participation à l'amour de l'éternel, mais amour s'ignorant lui-même et poursuivant le bonheur là où il n'est pas. Il s'agit pour nous de passer de cette vie apparente à la véritable vie. Ce passage implique un progrès continu, et, à cet égard, il est facile de suivre le développement de la vie de l'âme. On en note les phases et les degrés d'après la connaissance du monde à laquelle ils correspondent, et l'affect ou sentiment de l'être qu'ils impliquent. Au premier degré, l'homme prend le monde des choses qui tombent sous les sens pour l'existence vraie, et comme ce qu'il y a de plus relevé et de plus réel, d'existant par lui-même. L'unique jouissance dont il ait l'expérience est la jouissance sensible, qui se fonde sur l'effect de l'être à titre de vie sensible et organique. Au deuxième degré, le monde apparaît comme une loi de l'ordre, qui établit un droit égal dans un système d'êtres raisonnables : la série des choses auxquelles est attribuée l'existence est la suivante : la loi de l'ordre, la liberté et le genre humain sans lesquels la loi serait dépourvue de signification, le monde des sens, sphère où s'exerce la libre activité des hommes. L'affect de l'être est alors le sentiment de la loi vivante, commandement inconditionné qui exclut l'inclination, et ne laisse à l'homme que l'intérêt de ne pas se mépriser comme il pouvait être amené à le faire, parce qu'il est capable de désobéir au devoir, en abusant de sa liberté, laquelle est indifférente par elle-même à la volonté éternelle. Dans cette conception et cet état, l'homme se considère comme indépendant de Dieu, il est son propre sauveur et rédempteur et n'a pas besoin d'une divinité qui le béatifie. A vrai dire il n'est ni heureux ni malheureux, il est dans l'*apathie*. On a reconnu l'attitude et la doctrine du Prométhée antique et des Stoïciens. Au troisième degré, le monde est conçu comme dominé par une loi morale, non plus simplement ordonnatrice et rétablissant l'équilibre et le repos parmi les hommes, mais créatrice, suscitant en l'humanité une vie nouvelle, et ayant pour but de faire d'elle une image frappante, une révélation de l'essence divine. L'échelle des existences est celle-ci : le saint, le beau, le bon, l'homme destiné à les réaliser, la loi ordonnatrice qui conduit l'homme au repos, le monde sensible théâtre de la liberté et de la moralité ; l'affect de l'être est encore celui de la liberté. Au quatrième degré est la vie proprement religieuse. L'homme comprend que le bon, le beau, le saint n'est pas l'ouvrage d'un esprit borné, d'une lumière, d'une pensée qui en soi n'est que néant, mais l'apparition immédiate en nous de l'essence divine. Il a alors le sentiment de sa destination supérieure ; il conquiert le plus haut degré de liberté, en perdant, en abandonnant sa liberté propre, et en entrant en participation avec le seul être véritable, l'Etre divin. Ce qu'il veut, c'est la vie divine pour elle-même, en soi et chez les autres ; il veut la moralité et la religion de ses semblables, mais par le respect de leur liberté ; il se résigne à l'échec de ses desseins, du moment qu'il est voulu de Dieu : il ne connaît plus que deux sortes de sentiment, la sainte indignation devant la misère morale, c'est-à-dire la désertion du vrai bonheur et l'amour énergique, invariable, toujours pareil à lui-même, de l'humanité, l'espérance qu'elle arrivera à réaliser le divin en elle. L'affect de l'être est alors la plus pure de toutes les jouissances, qui pénètre l'homme tout entier. Il n'y a plus qu'un degré supérieur à celui-là, le cinquième degré qui est celui de la science absolue.

La théorie de l'amour divin est le point culminant du système de Fichte. Lorsqu'il a reçu d'elle son achèvement, ce système paraît au philosophe, reproduire les idées fondamentales du christianisme, tel qu'il croit en trouver l'exposition dans l'évangile de Jean, c'est-à-dire du christianisme entendu comme théologie moniste et opposé au dogme judaïque de la création. La forme de la Réflexion, principe de la division, de la multiplicité des consciences et du monde, devient le Verbe. Uni dès le commencement, ou en d'autres termes, indépendamment du temps, à l'Etre pur, le Verbe en est l'image, et, grâce à ce Médiateur, l'Homme, et avec lui le monde, expriment Dieu. Le vrai nom de cette union du Verbe à l'Etre est l'amour, et si en tant que forme, le Verbe se distingue de l'Etre, par l'amour il s'identifie à lui, identification qui entraîne celle de l'Homme et du monde qu'il porte pour ainsi dire en son sein.

LA DEUXIÈME PHILOSOPHIE DE FICHTE

De même que la théorie de l'amour divin permet à Fichte de rattacher, de la façon la plus étroite qu'il soit possible de concevoir, l'univers à Dieu, elle lui suggère l'idée et lui fournit le moyen de donner de son système une nouvelle exposition. C'est ce que certains interprètes ont appelé sa deuxième philosophie. Cette fois, il s'agit de faire comprendre ce qu'est l'ensemble du Savoir, c'est-à-dire tout ce que nous nous représentons, du point de vue de l'Absolu ou de Dieu lui-même.

Le monde, nous le savons, n'a d'existence que dans et par la Réflexion qui est le Verbe et, en raison de son essence toute formelle, est distincte de Dieu. Par cela même que la Réflexion n'est pas l'Etre absolu, et que tout ce qui existe pour nous est ce dont nous avons conscience, elle doit poser cet Etre pur comme un non être, par rapport au Savoir. Mais, d'un autre côté, comme la Réflexion n'est qu'une forme, et que cette forme ne serait rien sans l'Etre absolu qui la fonde, en s'opposant à lui, elle pose sa propre négation, elle comprend que l'Etre pur est l'Etre par excellence, que seul il possède la véritable existence, que la conscience, le savoir et elle-même qui en est la source sont sans consistance, qu'ils n'ont qu'une existence relative, qu'à l'égard de l'Etre absolu, ils sont comme un néant.

L'Etre absolu, inconcevable, inconstructible, que la Réflexion affirme, qu'elle infère parce qu'elle-même existe, mais qu'elle ne peut déduire, est de la sorte pensé grâce à la conscience, mais à la conscience qui se sert d'elle-même pour se dépasser en se niant. La conscience conduit au Verbe, et le Verbe conduit à Dieu. De Dieu la philosophie va maintenant redescendre au monde.

Par l'amour, le Verbe s'identifie à Dieu. Comme le Verbe est l'affirmation de Dieu, Dieu est la vérité du Verbe, et par suite, la vérité du monde, qui est dans le Verbe. La nouvelle exposition du système a pour objet d'expliquer comment le monde n'est que le développement du Verbe, et en conséquence, de Dieu. L'univers renferme le sensible, où règne la nécessité, et le supra-sensible où règne la liberté. L'un et l'autre sont le produit de la Réflexion, le premier d'une réflexion que sa spontanéité rend productrice, le second d'une réflexion qui s'applique aux résultats de cette production et, dans la nécessité, reconnaît l'effet et l'expression de la Liberté.

Le monde sensible nous offre l'union du fait et de la réflexion qui semblent irréductibles. La dialectique aperçoit en cette union la dualité de l'Être pur et de la Réflexion, de l'un et du multiple, et la loi de leur union indissoluble : tout l'effort de la science est de montrer comment ce qui est être en soi devient être pour soi. Dans la *Logique transcendantale* et l'*Exposition de 1801*, Fichte essaie d'expliquer ce développement et pour cela, de déduire l'espace, le sens externe, le sens interne, le temps, le mouvement, la force, les affinités chimiques, la végétation, la vie avec le mouvement spontané, le vouloir.

Au-dessus du sensible est le supra-sensible. Il apparaît lorsque la Réflexion, en prenant le sensible pour objet, saisit sa vraie nature, et comprend sa destination qui est de réaliser l'unité pure, idéal infini qu'exprime l'impératif catégorique. Or, cette tâche revient à unifier les hommes en la Raison par l'acte du droit, de la morale et par la religion, comme Fichte le montre dans les *Données de la Conscience*. Mais puisque la Raison est le Verbe, en qui subsistent la nature et l'Humanité, que le Verbe est l'Image de Dieu, que par l'amour il s'identifie à Dieu, le but de l'univers est l'incarnation et l'expression du Verbe et de Dieu en lui.

En proposant ces vues, Fichte a-t-il simplement comme il l'a cru, et comme, après lui, le pense M. X. Léon, renouvelé la manière de présenter ses doctrines? Ou bien, dirons-nous, avec MM. Boutroux et Windelband, qu'en réalité c'est un système différent du premier qu'il a développé. La réponse à ce problème dépend de celle que l'on fait à la question suivante : L'Etre pur est-il virtuel ou faut-il voir en lui l'Etre achevé? Or, il nous semble que la théorie de l'amour, et la béatitude qu'elle promet par le repos en Dieu, impliquent cette deuxième définition.

CONCLUSION

On n'a pas la prétention, au terme de cette exposition, d'apprécier ni de discuter une philosophie aussi complexe et aussi riche. Il serait superflu d'insister sur la noblesse de son inspiration morale et religieuse. Peut-être sera-t-il permis de revenir sur l'équivoque de l'idée dont elle dérive. Le principe des choses, l'Etre unique et véritable nous est présenté comme une Liberté en qui l'activité et la réflexion ne font qu'un. Mais qu'est-ce au juste que cette Liberté? Est-elle réellement un être, l'Etre pleinement achevé, Dieu? Alors que signifie la production du monde, et en quoi cette production est-elle nécessaire à la réalisation du principe divin? La Liberté, au contraire, n'est-elle en elle-même qu'une pure puissance? D'où vient donc qu'elle existe, et si elle est antérieure à l'Intelligence, comment peut-elle la produire? Là est l'obscurité et, sans doute, la difficulté sans remède de l'Idéalisme transcendantal.

TABLE DES MATIÈRES

FIN DE LA TABLE

Saint-Amand (Cher). — Imprimerie Bussière.

www.ingramcontent.com/pod-product-compliance
Lightning Source LLC
LaVergne TN
LVHW022121080426
835511LV00007B/963